Gerhard Wettig

Stalins DDR

Entstehung und Entwicklung der kommunistischen Herrschaft 1945–1953

Titelbild:
„Die große Demonstration am „Tag der jungen Mädchen“ am 09.08.1951 zum Friedrichshain. Junge FDJlerinnen tragen das Porträt des großen Stalin.“ Originaltext zu diesem Foto der Nachrichtenagentur der DDR (ADN)

Bundesarchiv, Bild 183-11500-0994, Foto Martin

Die Darstellung beruht auf den Monographien „Bereitschaft zu Einheit in Freiheit? Die sowjetische Deutschland-Politik 1945-1955“ (München 1999), „Stalin and the Cold War in Europe. The Emergence and Development of East-West Conflict, 1939-1953“ (Lanham 2008), „Der Tjul'panov-Bericht. Sowjetische Besatzungspolitik in Deutschland nach dem Zweiten Weltkrieg“ (Göttingen 2012) und verschiedenen Aufsätzen des Autors.

Gerhard Wettig studierte nach dem Abitur 1953 zwischen 1953 und 1959 Geschichte und Slawistik. 1961 wurde er an der Georg-August-Universität Göttingen promoviert. Von 1966 bis 1969 war er zunächst wissenschaftlicher Referent, anschließend Leiter des Forschungsbereichs Außen- und Sicherheitspolitik am Bundesinstitut für ostwissenschaftliche und internationale Studien in Köln. Er hat zahlreiche Publikationen zu außen- und sicherheitspolitischen Vorgängen und Problemen in der Zeit des Kalten Krieges vorgelegt. Er gilt als Experte für die Deutschland- und Berlin-Politik der UdSSR sowie der DDR.

Landeszentrale für politische Bildung Thüringen
Regierungsstraße 73, 99084 Erfurt
www.lzt.thueringen.de
2012

ISBN: 978-3-943588-00-2

Inhalt

1. Sowjetische Besatzungspolitik im Zeichen alliierten Einvernehmens

Stalins Leitvorstellungen für die besetzten Länder

Bis 1941 hatte sich die Sowjetunion alle Gebiete einverleibt, die sie in die Hand bekam. Das änderte sich im Laufe des Zweiten Weltkriegs. Als die Rote Armee weit über die Grenzen des früheren Russischen Reiches hinaus vordrang, konnte sie dort keine Besitzansprüche mehr geltend machen. Zudem wollte Stalin das Bündnis mit Großbritannien und den USA nicht gefährden, die für die nationale und demokratische Selbstbestimmung der vom Faschismus befreiten Völker eintraten. Deswegen sollten diese ihre Eigenstaatlichkeit bewahren und eine demokratische Ordnung erhalten, die freilich anderer Art sein würde als die im Westen. Wie er polnischen Gefolgsleuten erläuterte, folgte er dabei genau überlegten Vorstellungen. Die eroberten Länder sollten sich nicht nach Maßgabe der UdSSR „auf den Weg der Errichtung der Diktatur des Proletariats begeben". Es gehe stattdessen um den Aufbau eines „neuen Typs der Demokratie", die sich „vollkommen" von der Demokratie im Westen unterscheiden sollte. Anders als dort sollte das materielle Fundament der staatlichen Ordnung fundamental durch die Ausschaltung der Kapitalisten und Grundherren verändert werden. Dadurch lasse sich „eine durchaus hinreichende Basis" schaffen, „um sich ohne Diktatur des Proletariats auf dem Weg der weiteren Entwicklung zum Sozialismus zu bewegen".

Stalin ging davon aus, dass die Macht, die man in der UdSSR in einem langen und blutigen Bürgerkrieg hatte erkämpfen müssen, in den eroberten Ländern in der Hand der Roten Armee lag. Deswegen könne man dort, wie schon Lenin für den Fall günstiger Umstände vorgesehen habe, einen anderen Weg zum Sozialismus wählen, nämlich „die Möglichkeit des Übergangs zum Sozialismus auf dem Weg der Ausnutzung der bürgerlichen demokratischen Struktur wie Parlament und andere Institutionen". Es ging daher nur noch darum, die militärisch errungene Position in zivile Herrschaft umzuwandeln. Damit habe sich „ein leichterer, weniger Blut kostender Entwicklungsweg eröffnet – der Weg sozial-ökonomischer Reformen“, der es erlaube, die Ausbeuterklassen mit legalen Mitteln zu besiegen. Gegenüber Ulbricht äußerte sich Stalin in gleichem Sinne. In Russland sei damals „die Lage ganz anders“ gewesen als jetzt, denn es sei darum gegangen, die „Herrschaft der Arbeiterklasse“ direkt herbeizuführen. Im Gegensatz dazu gebe es „im Westen parlamentarische Traditionen“, mit deren Hilfe man „auf demokratischem Weg zur Arbeitermacht“ gelangen könne. Um diesem Unterschied Rechnung zu tragen, legten die amtlichen Richtlinien vom Januar 1944 fest, dass sich die staatliche Ordnung in den künftig besetzten Ländern zunächst an den „Prinzipien einer breiten Demokratie im Geiste der Idee der Volksfront“ zu orientieren habe. Geduld sei notwendig, denn „[v]erfrühte Revolutionen“ könnten zu gesteigerten Spannungen mit den Westmächten führen und dadurch Frieden und Sicherheit bedrohen. Erst später, wenn geeignete Voraussetzungen geschaffen seien, könne man offen das sozialistische Programm verwirklichen.

Im schwierigen Anfangsstadium sollte der Feind nicht erkennen, dass es um die sozialistische Umgestaltung ging. Deshalb kam, wie Stalin Dimitrov erklärte, als „sehr bequeme Maske“ nur ein Minimalprogramm in Betracht, das der „konkreten Periode“ entsprach, aber schon den Grund legte für die beabsichtigte kommunistische Parteidiktatur. Erst wenn die Machtfrage nach innen und außen endgültig entschieden war, durfte klar werden, wohin der Weg führte. Mithin hing der Erfolg davon ab, dass es möglichst wenig Einblick in die Vorgehensweise gab. Die Besatzungsmacht legte deshalb Wert auf strikte Geheimhaltung und schottete die eroberten Länder mit einem „eisernen Vorhang“ (in Churchills Formulierung) gegen den Westen ab. Aufgrund dieser Politik entstanden in Europa zwei Lager. „Dieser Krieg“, so sagte Stalin den jugoslawischen Kommunisten, „ist nicht wie andere Kriege; wer immer ein Territorium besetzt, nötigt ihm auch sein eigenes System auf. Jeder nötigt sein System auf, soweit seine Armee reichen kann. Es kann nicht anders sein." Konsequenterweise wies er die Kommunisten in Italien und Frankreich an, auf Versuche zur Errichtung ihrer Herrschaft zu verzichten.

Bundesarchiv, Bild 183-R83727

Mai 1945: Sowjetische Panzerabteilung in Berlin

Sechs grundlegende Maßnahmen

Soweit Stalin in den eroberten Ländern große, schwer zu überwindende Widerstände gegen gehegte Sowjetisierungsabsichten voraussah, hielt er eine lange Dauer der Besetzung für notwendig. – Durch unbedingt durchzuführende Maßnahmen, die freilich in ihrer zeitlichen Aufeinanderfolge gemäß den besonderen Umständen vor Ort variiert wurden, sollten die Grundlagen für den Aufbau des Sowjetsystems (Sozialismus) geschaffen werden.

1. Die Besatzungsmacht setzte kommunistische Führungen aus dem Moskauer Exil sowie in der UdSSR für ihre künftige Tätigkeit geschulte Leitungskader ein, deren Bereitschaft zu völliger Unterordnung von den sowjetischen Sicherheitsorganen überprüft worden war und auch weiter kontrolliert wurde. Dieses Personal wurde für die politischen, gesellschaftlichen und wirtschaftlichen Schlüsselpositionen vorgesehen, während die Besetzung der Stellen, auf die sich der Blick der Öffentlichkeit richtete, zu Anfang üblicherweise das gesamte politische Spektrum umfasste. In dieser Phase suchte man den Eindruck der Ausgewogenheit dadurch zu erwecken, dass man Nichtkommunisten, vor allem Bürgerliche, in den Vordergrund rückte, hinter denen aber ein Apparat von zuverlässigen Kadern die Entscheidungen traf.

2. Die Überführung des Bankwesens und der Großindustrie „in Gemeineigentum“ und die Zerschlagung der landwirtschaftlichen Großbetriebe sollten als „Kampfmaßnahmen“ die alten Führungsschichten in Stadt und Land ihrer materiellen Macht entkleiden, sie als „Ausbeuter“ der arbeitenden Bevölkerung an den Pranger stellen, die Arbeiter und Bauern für den Sozialismus gewinnen und kommunistische Kader mit Verteilungs- und Organisationsgewalt ausstatten. Langfristig wurde die Aufhebung des Privateigentums an allen Produktionsmitteln – mithin die Kollektivierung auch des Einzelhandels, des Handwerks und der Agrarerzeugung insgesamt – vorgesehen.

3. Angeblich überparteiliche, jedoch von kommunistischen Kadern geleitete und später zu Organen der Partei erklärte gesellschaftliche Einheitsorganisationen wie Gewerkschaften, Jugend-, Frauen- und Bauernverband dienten dem Zweck, diese sozialen Schichten zunächst dem Zugriff anderer Kräfte zu entziehen und sie längerfristig kommunistischer Kontrolle zu unterstellen.

4. Die Parteien wurden bei ihrer Lizenzierung von der Besatzungsmacht zur Blockpolitik verpflichtet. Demgemäß waren ihre Beschlüsse an das Einvernehmen mit den Kommunisten gebun-

den, denen nach internem Bekunden die „führende Rolle“ zufiel. Im Unterschied zu den anderen Parteien waren diese von Anfang an totaler sowjetischer Kontrolle unterworfen, denn sie hatten den politischen Prozess durch ihre Aussagen und Stellungnahmen zu lenken – und das durfte nur aufgrund genauer „Anleitung“ seitens der Militärbehörden geschehen. Sie hatten die Aufgabe, deren Weisungen den Blockpartnern als eigene Vorschläge vorzulegen und auf deren Annahme ohne Abänderung zu bestehen. Wer sich dagegen zur Wehr setzte, hatte Repressalien bis hin zu Folter und Tod zu gewärtigen. Die so errichtete Macht der an die UdSSR gebundenen kommunistischen Partei sollte es anschließend ermöglichen, den anderen Parteien die Wahl zwischen Alternativen aufzuzwingen, die sie fortlaufend durch Spaltungen dezimieren, ihren Anhängern entfremden und zuletzt völlig entmachten würden.

5. Das kommunistische Regime sollte sich auf die „Arbeiterklasse“ und die mit ihr „verbündeten“ anderen „Werktätigen“ stützen, die im Kreml als die entscheidenden Kräfte der Gesellschaft galten. Auf längere Sicht schien deren restlose Einbeziehung geboten. Demnach war die Trennung in Kommunisten und Sozialdemokraten zu überwinden, freilich nicht auf der Basis eines sofortigen Zusammenschlusses, sondern einer späteren Vereinigung, sobald die von der Besatzungsmacht systematisch geförderten Kommunisten in die Vorhand gekommen waren und dadurch die Fähigkeit erlangt hatten, die Sozialdemokraten politisch zu verdauen. Der Vorbereitung sollte eine „Aktionseinheit der Arbeiterparteien“ dienen, die sie zur gemeinsamen Frontstellung gegen die bürgerlichen Kräfte verpflichten würde.

6. Die UdSSR hatte während des Krieges den Westmächten zugesichert, in den besetzten Ländern freie Wahlen zuzulassen. Diese schienen zudem als demokratische Bestätigung der eingesetzten Regime angebracht. Gemäß der ideologischen Vorstellung, dass die materiellen Verhältnisse den „Überbau“ des Bewusstseins bestimmten, erwartete man im Kreml, das Votum werde der vorher

geschaffenen politischen, wirtschaftlichen und gesellschaftlichen Situation folgen. Die „Werktätigen", vor allem die Industriearbeiter wegen der Überführung der Großbetriebe in „Volkseigentum" und die Bauern wegen des ihnen übergebenen „Grundherren"-Landes, würden mit ihrer Stimme die für sie getroffenen Veränderungen honorieren. Auch würden die Besatzungsmacht und die in die einheimischen Schlüsselpositionen beförderten Kader über Mittel zur Beeinflussung der „Massen" verfügen.

Diese Maßnahmen waren auf die Errichtung einer „Volksherrschaft" ausgerichtet, die von der kommunistischen Partei ausgeübt werden sollte. Das müsse alle Lebensbereiche erfassen und daher „einheitlich" sein, ließ also keine Gewaltenteilung zu. Stalin machte die sowjetische Herrschaft in den besetzten Ländern dauerhaft, indem er eine „Demokratie" dieser Art, das sozialistische System der UdSSR, durchsetzte. Die entscheidende Kraft war die Rote Armee mit den sowjetischen Sicherheitsorganen in ihrem Tross.

Sonderproblem Deutschland

In Deutschland war insofern eine andere Lage zu erwarten, als sich dort die Westmächte an der Besetzung beteiligen würden. Stalin war sich daher lange Zeit nicht sicher, ob sich sein Konzept durchsetzen ließ. Für den Fall, dass dies nicht zu machen war und der Kapitalismus weiter herrschen würde, wollte er das Land schwach halten. Das wäre am besten zu erreichen, wenn man es zerstückele. Daher stellte er sich auf den Standpunkt, den Deutschen müsse die Möglichkeit zu einer erneuten Aggression durch staatliche Aufspaltung genommen werden. Das sowjetische Außenministerium erhielt vorsorglich den Auftrag, konkrete Vorstellungen dazu auszuarbeiten. Zugleich ließ Stalin jedoch die Führer der Moskauer Exil-KPD unter Anleitung und Aufsicht des zuständigen ZK-Sekretärs Dimitrov ein „Aktionsprogramm" formulieren, das einen zentralistischen deutschen Staat voraussetzte. Demnach sollten die Kommunisten mit anderen politischen

Kräften zusammenarbeiten in einem Block, dessen innen- und außenpolitischen Kurs sie bestimmen würden. Im Laufe der Zeit seien dann die anderen politischen Kräfte schrittweise „zu entlarven, einzuengen oder in die gemeinsame Front zu zwingen", denn gemäß dieser als „kämpferisch" bezeichneten Ausrichtung konnten „Reaktionäre" nicht geduldet werden, und es galt daher, „die volksfeindlichen Kräfte zu entmachten". Dieses Programm diente unter anderem als Unterlage bei der Ausbildung deutscher Kader an den Antifa-Schulen in der UdSSR.

Als der militärische Sieg herannahte, suchte sich Stalin im künftigen Ringen um Deutschland eine gute Ausgangsposition zu verschaffen. Im Herbst 1944 schloss er mit den Finnen unter Verzicht auf die Besetzung ihres Landes einen Waffenstillstand, um die Truppen an der Nordfront für den Vorstoß gegen Berlin freizubekommen. Auf der Konferenz von Jalta im Februar 1945 setzte er nicht nur wichtige Zugeständnisse durch, vor allem was Polen betraf, sondern bewog auch Präsident Roosevelt zu der Aussage, dass die USA ihre Truppen bald wieder nach Hause holen würden. Sie waren mithin, wie Stalin glaubte, am weiteren Schicksal Europas nicht interessiert. Daher würde die UdSSR dort mit keiner starken Gegenmacht zu rechnen haben. Die Erwartung, in Deutschland künftig freie Bahn zu haben, schien endgültig bestätigt, als Eisenhower, der Oberbefehlshaber der amerikanisch-britischen Streitkräfte, auf den Vormarsch nach Berlin ausdrücklich verzichtete. Er gab damit der sowjetischen Seite die Möglichkeit, die deutsche Hauptstadt für längere Zeit allein in Besitz zu nehmen und dort nach ihren Vorstellungen vollendete Tatsachen zu schaffen.

Ende März 1945 ließ Stalin daher die Zerstückelungsforderung fallen, die er bis dahin gegenüber den davon zunehmend abrückenden Briten und Amerikanern vertreten hatte, und erklärte sich zum entschiedenen Verfechter der deutschen Einheit. Als es in der folgenden Zeit zu Konflikten mit den Westmächten kam, beanspruchte die UdSSR mit immer größerem Nachdruck für sich die Rolle, das Interesse des deutschen Volkes an seiner staatlichen Einheit gegen die „Spalter" im Westen zu verteidigen. Dem widersprach jedoch die Tatsache, dass Stalin die Sowjetzone zur ungestörten Nutzung ihrer materiellen Ressourcen ökonomisch vom westlichen Deutschland abkoppelte. Auf der Potsdamer Konferenz weigerte er sich, das zentrale Problem, die Ernährung der Bevölkerung, zoneneinheitlich zu regeln, und setzte sogar durch, dass die Berliner Westsektoren von den Westzonen versorgt werden mussten. Er bestand zudem auf einem so niedrigen Niveau der industriellen Produktion in dem besetzten Land, dass keine Kapazitäten für Exporte zur Bezahlung von Lebensmittelimporte vorhanden waren, die nach Ansicht der Briten und Amerikaner unerlässlich waren, um massenweises Verhungern in ihren Besatzungsgebieten zu verhindern, und forderte Reparationen in einem Umfang, den man in London und Washington für ruinös hielt. Das Ergebnis war die Trennung Deutschlands in zwei Reparations- und Wirtschaftsgebiete. Die grundsätzlich vereinbarte Wahrung der ökonomischen Einheit wurde zum bloßen Lippenbekenntnis.

Anfänge der sowjetischen Besatzungspolitik in Deutschland

Ohne Verständigung über die ökonomische Einheit der Besatzungszonen kamen USA, UdSSR, Großbritannien und Frankreich überein, die „oberste Gewalt" in Deutschland zusammen auszuüben. Von der – als isoliertes Sondergebiet inmitten der sowjetischen Machtsphäre gelegenen – Vier-Sektoren-Stadt Berlin aus sollten die Zonenkommandeure als Mitglieder des Alliierten Kontrollrats die Regierung gemeinsam ausüben und damit für eine einheitliche Behandlung und Ausrichtung des gesamten Landes sorgen. Der Kontrollrat sollte als kollektives Organ die das Ganze betreffenden Beschlüsse fassen; die Zonenkommandeure hatten die jeweils für ihr Gebiet relevanten Entscheidungen zu treffen. Unklar war, wo die Grenze zwischen beidem lag. Daher ergab sich ein weiter Bereich, wo sich das eine wie das andere behaupten ließ. Die sowjetische Seite nutzte das exzessiv aus: Sie stellte sich auf den Standpunkt, dass die Westmächte in der Ostzone nichts zu sagen hätten, verlangte aber, diese müssten in ihren Gebieten einvernehmlich mit der UdSSR handeln.

Der Hauptstreitpunkt war die Wirtschaftspolitik: Bis 1947 verhinderte die UdSSR durch ihr Veto die Entscheidungen, welche Großbritannien und USA für unerlässlich hielten, um eine Mindestversorgung der Bevölkerung ihrer Zonen zu sichern. Nur im Kampf gegen die politische Hinterlassenschaft von Hitlers Reich schien sich Übereinstimmung herzustellen. Auf der Potsdamer Konferenz einigten sich die Alliierten darauf, Deutschland zu entnazifizieren, zu entmilitarisieren, zu dekartellisieren und zu demokratisieren. Damit verbanden sich jedoch höchst unterschiedliche Vorstellungen, wie der sowjetische Außenminister Molotov auf der Pariser Konferenz 1946 deutlich machte. Nur in der Ostzone wurden demnach die Verpflichtungen von Potsdam erfüllt; in Westdeutschland müsse man man ihnen auf die gleiche

Bundesarchiv, Bild 183-R86965

Potsdamer Konferenz der drei alliierten Mächte der UdSSR, Großbritannien und der USA vom 17. Juli bis 2. August 1945 in Schloß Cecilienhof. V.l.n.r.: sitzend: C.R. Attlee, H.S. Truman, Josef Stalin; stehend: Admiral J.D. Loahy, E. Bevin, J.W.Byrnes, und W.M. Molotow.

Weise nachkommen; eine lange Dauer des Besatzungsregimes sei notwendig, um die Abkehr vom „Faschismus“ zum Abschluss zu bringen. In Anbetracht der Tatsache, dass die Führung im Kreml nach wie vor ein baldiges Ende der amerikanischen Anwesenheit erwartete, hieß das, die UdSSR müsse in die Lage versetzt werden, die in ihrer Zone geschaffenen Verhältnisse auf das ganze Land auszudehnen und die so eingeleitete Entwicklung über eine lange Zeit zu steuern und zu beaufsichtigen. Auch in politischer Hinsicht gab es also keine Gemeinsamkeit, sondern einen völligen Gegensatz.

Schon seit Herbst 1944 bereitete die von Dimitrov geleitete ZK-Abteilung der KPdSU den „Kadereinsatz in Deutschland“ vor, der ausdrücklich „im Kontakt mit der Roten Armee“ erfolgen und an den politischen und wirtschaftlichen Zielen der UdSSR orientiert sein sollte. Kurz bevor die Rote Armee in die Gebiete eindrang, die nach Abtrennung der Territorien östlich von Oder und (Lausitzer) Neiße die künftige Sowjetzone bildeten, erhielt das KPD-Führungstrio Pieck, Ulbricht und Ackermann konkrete Anweisungen. Als erste wichtigste Aufgaben wurde die Schaffung von Presse- und Rundfunkorganen mit „antifaschistischer“ Ausrichtung, die personelle Besetzung der Kommunalverwaltungen und der Wiederaufbau der Versorgungsstrukturen vereinbart. Das erforderte die Aufnahme von Kontakten zu Genossen im Lande, die sich zur Wahrnehmung dieser und anderer Funktionen eigneten, und die Ermittlung von Nichtkommunisten, die für die Besetzung von repräsentativen, aber nicht einflussreichen Posten in Betracht kamen. Bevor Dimitrov Ulbricht, Ackermann und Sobottka als Leiter von „Initiativgruppen“ nach Berlin, Dresden und Rostock schickte, führte er in Besprechungen mit ihnen und Pieck am 25. und 29. April aus, wie sie vorzugehen hatten, um die politische Entwicklung in die vorgesehenen Bahnen zu lenken.

Die drei Gruppen nahmen ihre Arbeit als Hilfsorgane der Politischen Hauptverwaltung der Besatzungstruppen auf. Ulbricht stand zudem in brieflicher Verbindung mit Dimitrov und Parteichef Pieck, der in Moskau zurückgeblieben war. Außer um die erwähnten Aufgaben ging es um die Ausschaltung der von einheimischen Kommunisten gebildeten „antifaschistischen Komitees". Sie hatten zu verschwinden, weil sie eigenmächtig, nicht auf Befehl des Kremls und unter seiner Kontrolle entstanden waren und für eine sofortige, mithin „verfrühte" Einführung des Sozialismus eintraten. Weiterhin wurde entscheidender Wert darauf gelegt, in Berlin vollendete Tatsachen zu schaffen. – Den vereinbarten Einzug der Westmächte zögerte Stalin deswegen monatelang hinaus. Anfang Juni beendeten die drei „Initiativgruppen" ihre Tätigkeit, nachdem insbesondere Ulbricht in Berlin in engem Zusammenwirken mit der Politischen Hauptverwaltung der Besatzungstruppen den Kern eines zentralen Partei- und Verwaltungsapparats aufgebaut hatte, der mit zuverlässigem Personal besetzt wurde und so Leitungsfunktionen unter Aufsicht der Besatzungsmacht übernehmen konnte, die ihrerseits die umfangreiche Sowjetische Militäradministration in Deutschland (SMAD) und weitere Apparate zu organisieren begann.

Nach Erledigung ihres Auftrags wurden Ulbricht, Ackermann und Sobottka nach Moskau gerufen. Am 4. Juni nahm Stalin ihren Rechenschaftsbericht entgegen und erläuterte die weiteren Aufgaben. Sie sollten die „Einheit Deutschlands sichern" durch eine „einheitliche KPD", ein „einheitliches ZK" und eine „einheitliche Partei der Werktätigen". Nach außen hin war der „antifaschistische Kampf" um die „Vollendung der bürgerlich-demokratischen Revolution" und die Errichtung einer „bürgerlich-demokratischen Regierung" zu betonen. Anders als das Bekenntnis zur Übereinstimmung mit den Westmächten suggerierte, würden „2 Deutschlands" entstehen. Stalin nannte einige Maßnahmen, die in nächster Zeit durchzuführen waren, vor allem die Schaffung publizistischer Instrumente, die Gründung eines Organisationsausschusses zur Vorbereitung der gemeinsamen „Partei der Werktätigen" zusammen mit der SPD und die Entmachtung der „Rittergutsbesitzer" zwecks Beseitigung des „Feudalismus". Weiter legte er die Zusammensetzung des Politbüros und des Sekretariats der KPD fest und erteilte den Auftrag, ein „Manifest" auszuarbeiten, denn er hatte – entgegen der Abmachung mit den Verbündeten im Westen, das politische Leben von unten, von den Gemeinden her aufzubauen – den Beschluss gefasst, überraschend die Gründung gesamtdeutscher Parteien, Gewerkschaften und Jugendausschüsse zu veranlassen. Dadurch würden nicht nur die Kommunisten einen zeitlichen Vorsprung vor den anderen politischen Kräften erhalten, sondern auch die sowjetischen Besatzungsbehörden die Möglichkeit haben, von Berlin aus entscheidenden Einfluss auf die Entwicklung in ganz Deutschland zu nehmen.

Nach Stalins Anweisung formulierten die KPD-Funktionäre mit Dimitrov das vorgesehene Dokument. „Mit der Vernichtung des Hitlerismus gilt es gleichzeitig, die Sache der Demokratisierung Deutschlands, die Sache der bürgerlich-demokratischen Umbildung, die [in der bürgerlichen Revolution von] 1848 begonnen wurde, zu Ende zu führen, die feudalen Überreste völlig zu beseitigen und den reaktionären altpreußischen Militarismus mit allen seinen ökonomischen und politischen Ablegern zu vernichten. Wir sind der Auffassung, dass der Weg, Deutschland das Sowjetsystem aufzuzwingen, falsch wäre, denn dieser Weg entspricht nicht den gegenwärtigen Entwicklungsbedingungen in Deutschland. Wir sind vielmehr der Auffassung, dass die entscheidenden Interessen des deutschen Volkes einen anderen Weg vorschreiben, und zwar den Weg der Aufrichtung eines antifaschistischen, demokratischen Regimes einer parlamentarisch-demokratischen Republik mit allen demokratischen Rechten und Freiheiten für das Volk." Weiter hieß es, die Kommunisten riefen „alle Werktätigen, alle demokratischen und fortschrittlichen Kräfte zu diesem großen Kampf für die demokratische Erneuerung Deutschlands, für die Wiedergeburt unseres Landes auf".

Als grundlegende Maßnahmen seien unter anderem eine „[v]ollständige Liquidierung der Überreste des Hitlerregimes und der Hitlerpartei", die „Herstellung der demokratischen Rechte des Volkes", die „Wiederaufrichtung der auf demokratischer Grundlage beruhenden Selbstverwaltungsorgane" in allen Bereichen von den Gemeinden bis zu den Ländern und der „Schutz der Werktätigen gegen Unternehmerwillkür und unbotmäßige Ausbeutung" nötig. Vorgesehen wurde auch die „Enteignung des gesamten

Vermögens der Nazibonzen und Kriegsverbrecher" samt dessen „Übergabe in die Hände des Volkes zur Verfügung der kommunalen und provinzialen Selbstverwaltungsorgane". Weiter wurden gefordert die „Liquidierung des Großgrundbesitzes, der großen Güter der Junker, Grafen und Fürsten und [die] Übergabe ihres ganzen Grunds und Bodens sowie des lebenden und toten Inventars an die Provinzial- und Landesverwaltungen zur Zuteilung an die durch den Krieg ruinierten und besitzlos gewordenen Bauern", also vor allem an die Landwirte aus den verlorenen Gebieten im Osten. Diese Maßnahmen sollten „in keiner Weise den Grundbesitz und die Wirtschaft der Großbauern berühren". Von ihren Eigentümern verlassene Liegenschaften sowie die der Allgemeinheit dienenden Einrichtungen wie Verkehrsbetriebe, Wasser-, Gas- und Elektrizitätswerke sollten den „Selbstverwaltungsorgane[n] der Gemeinden oder Provinzen bzw. Länder" übereignet werden.

Diese Ausführungen zielten darauf ab, in der Öffentlichkeit den Eindruck zu erwecken, die KPD und die UdSSR wollten kein Sowjetsystem und strebten eine parlamentarische Demokratie an. Die ins Auge gefassten Enteignungen schienen maßvoll und nicht gegen das Bürgertum gerichtet zu sein. Sie beruhten scheinbar auf der Absicht, die Betroffenen für ihre Unterstützung des NS-Regimes und seiner Aggressionspolitik zu bestrafen oder die Reste des vorbürgerlichen Feudalsystems zu beseitigen. Den geschulten Kadern war demgegenüber klar, dass es nicht darum ging. Der „Weg, Deutschland das Sowjetsystem aufzuzwingen", wurde nur deswegen abgelehnt, weil er „den gegenwärtigen Entwicklungsbedingungen" nicht entsprach. Wenn sich diese Lage änderte, konnte der Weg zum Sowjetsystem eingeschlagen werden. Die parlamentarisch-demokratische Republik, die ja nach Ansicht des Kremls nicht wahrhaft demokratisch war, sondern nur eine Vorstufe zu echter Demokratie bildete, war dann ein überholtes Stadium, an dem man nicht weiter festhalten durfte. Die „Aufrichtung eines antifaschistischen, demokratischen Regimes" war nur der Weg, nicht das Ziel – mithin eine vorläufige Phase, der ein anderes Ende folgen sollte.

Der Oberste Chef der SMAD erhielt Mitte Mai 1945 Weisung, den Aufbau von Parteien und gesellschaftlichen Organisationen vorzubereiten. Am 10. Juni befahl er deren Zulassung . Einen Tag später richtete die KPD den in Moskau formulierten Aufruf an das deutsche Volk und begann „überparteiliche", von ihren Kadern geleitete Einheitsgewerkschaften und ebensolche Jugendausschüsse zu organisieren, aus denen später die „Freie Deutsche Jugend" (FDJ) hervorging. In den nächsten Monaten gründete sie, wiederum als angeblich überparteiliche Einheitsorganisationen, unter anderem einen Bauern- und Frauenverband, die Vereinigung der Verfolgten des Naziregimes und den Kulturbund zur demokratischen Erneuerung Deutschlands. Der Zweck der Gründungen war, die Gesamtheit der Gesellschaft zu erfassen und die Bildung unabhängiger Zusammenschlüsse zu verhindern. Außerhalb dieses kommunistischen Netzwerks wurden nur die Kirchen geduldet. Ein Verbot kam nicht in Betracht, weil es wegen ihrer starken Verwurzelung in der Bevölkerung nicht durchsetzbar schien und das Bemühen um Gewinnung der Westdeutschen konterkariert hätte. Sie sollten daher nicht offen bekämpft, aber so weit wie möglich auf kultische Vollzüge beschränkt werden.

Dem Beispiel der KPD folgend, konstituierten sich in den nächsten sechs Wochen als Parteien die – mit den Kommunisten in „Aktionseinheit", also in gemeinsamer Frontstellung gegen die bürgerlichen Parteien vereinigten – Sozialdemokraten, die Christlichen Demokraten und die Liberaldemokraten. Das Spektrum entsprach den sowjetischen Vorstellungen mit der einzigen Ausnahme, dass statt des früheren katholischen Zentrums eine überkonfessionelle Union entstand. Alle Parteien wurden, nachdem sie die Bedingung der zum Konsens verpflichtenden Zusammenarbeit im Block akzeptiert hatten, von der SMAD gesamtdeutsch lizenziert. Damit war jedoch keine Zulassung auf den unteren Ebenen der Kreise und Gemeinden verbunden; diese bedurfte des gesonderten Beschlusses der Kommandanten vor Ort. Die sowjetischen Behörden konnten dadurch in vielen Regionen außerhalb Berlins während einer langen Zeit – oft länger als ein Jahr – nichtkommunistische Parteien von der Beteiligung am politischen Prozess einschließlich der Wahlen ausschließen.

Bei dem Versuch, von Berlin aus der politischen Entwicklung von Deutschland insgesamt eine Ausrichtung zu geben, ging Stalin davon aus, dass dieses Land ebenso wie die UdSSR eine zentralistische Struktur besaß. Daher würde man überall den Anweisungen folgen, die aus der Hauptstadt kamen. Dabei übersah er die Vielgestaltigkeit, die das Land geschichtlich geprägt hatte. Auch außerhalb des katholischen Milieus im Rheinland und der altbayerischen Bevölkerung, wo es starke Aversionen gegen das „preußische Berlin" gab, wollte man sich nicht den Vorschriften von Politikern unterwerfen, die, wie es hieß, zufällig dort waren. Dem Willen zu eigenständigem Handeln kam zugute, dass die westlichen Besatzungsmächte nur Zusammenschlüsse bis höchstens zur Länderebene erlaubten und so dem Widerstand gegen die Ost-Berliner Zentralen eine Rechtsgrundlage gaben. Zwar entstanden im Westen analoge Parteien wie in der Sowjetzone, doch erfolgte ihre Gründung durch selbstständig handelnde Politiker, die in der jeweiligen regionalen Gesellschaft verwurzelt waren. Nur bei der KPD war das anders; sie ordnete sich den Funktionären in Ost-Berlin unter.

Im Westen waren die christlichen Parteien CDU und CSU an föderalen Vorstellungen orientiert und lehnten daher die Berliner „Reichsleitung" von vornherein ab. Bei den Liberalen besaß die Führung in der Hauptstadt nicht die Autorität, deren sie zur Anerkennung bedurft hätte. In der westdeutschen SPD war man zwar zentralistisch gesinnt, doch folgte man Kurt Schumacher in Hannover, der sich scharf gegen eine „Aktionseinheit" mit den Kommunisten wandte, weil er in diesen „rot lackierte Faschisten" und „Agenten einer fremden Macht" sah. Zu der von ihm einberufenen Parteiversammlung in Wennigsen vom 5. bis 7. Oktober 1945 kam außer den Delegierten aus den Westzonen auch Otto Grotewohl als SPD-Vorsitzender im Osten. Dessen Anspruch auf gesamtdeutsche Zuständigkeit wurde zurückgewiesen mit der Begründung, das geteilte Land lasse sich nicht von einer Zone aus regieren. Auch sei es nicht möglich, die Partei „zentral von Berlin aus zu leiten“.

Das östliche Prinzip der Einheitsgewerkschaft wurde in den Westzonen nur deswegen übernommen, weil man selbst zu der Ansicht gekommen war, dass Parteien- und Konfessionsschranken die Wahrnehmung der Arbeitnehmerinteressen erschwerten. Die Kommunisten nahmen am organisatorischen Aufbau teil und besetzten in der Anfangszeit auch wichtige Leitungspositionen, erlangten aber keine beherrschende Stellung, so dass sie die politische Linie der Spitze in Ost-Berlin nicht durchzusetzen vermochten. Die anderen Verbände und Vereinigungen, die auf sowjetisches Betreiben hin gegründet worden waren, gewannen in den Westzonen nur wenig Einfluss und sahen sich bald dem Vorwurf ausgesetzt, kommunistische „Tarnorganisationen“ zu sein.

Auch mit administrativen Mitteln suchte Stalin seinen Einfluss nach Westen auszudehnen. Am 27. Juli 1945 ordnete er unter strengster Geheimhaltung den Aufbau Deutscher Zentralverwaltungen in Ost-Berlin an. Kurz danach schlug er Präsident Truman und Premierminister Attlee auf der Potsdamer Konferenz vor, dem Kontrollrat derartige Behörden als Hilfsorgane beizugeben. Ohne dass die Angesprochenen dies wissen konnten, lief dies darauf hinaus, die von der UdSSR geschaffenen Behörden- und Personalstrukturen zur Basis des alliierten Exekutivorgans in ganz Deutschland zu machen. Die Chefs der beiden Westmächte waren grundsätzlich einverstanden, meinten aber, man solle damit noch warten, bis der politische Aufbau von unten her die oberste Ebene erreicht habe. Die französische Regierung, die in Potsdam nicht vertreten war und generell alle auf staatliche Einheit abzielenden Maßnahmen ablehnte, brachte die Initiative durch ihr Veto zu Fall. Die Zentralbehörden waren zwar errichtet worden, konnten aber ihre Tätigkeit nur in der Sowjetischen Besatzungszone (SBZ) ausüben.

Apparate der sowjetischen Besatzungsmacht

So wie auch die anderen Besatzungsmächte baute die UdSSR in ihrer Zone Behörden auf, um die am 5. Juni 1945 gemeinsam erklärten Übernahme der „obersten Gewalt“ zu realisieren. Die im Sommer und Herbst eingerichtete SMAD-Zentrale suchte, alle Lebensbereiche der Bevölkerung zu erfassen. Ihre „Abteilungen“, die später „Verwaltungen“ hießen, waren nach Zuständigkeiten definiert und besaßen jeweils Unterbehörden bis hinab zur Ebene der Stadt- und Landkreise. Besonders wichtig war die Informationsabteilung von Oberst Tjulpanov, deren Tätigkeit vor allem die Parteien, gesellschaftlichen Organisationen und Medien betraf. Die Hauptaufgabe der sowjetischen Offiziere war, die ihnen jeweils als Gegenüber zugewiesenen Personen „anzuleiten“, das heißt ihnen detailliert vorzuschreiben, was sie zu tun hatten. Das betraf nicht nur die politischen Fragen, sondern auch Alltagsdinge wie etwa die Verordnung zur Maul- und Klauenseuche beim Viehbestand. Während Informationen über die generelle politische Linie oft vielen Kadern übermittelt wurden, ergingen die konkreten „Empfehlungen“, die genauestens zu befolgen waren, nur an die jeweils damit befassten deutschen Personen. Die Übermittlung war strikt vertraulich; gegenüber Dritten durften nicht einmal Andeutungen gemacht werden. Diese Aufgaben, die auch die Kontrolle der Durchführung umfassten, wurden von fast 50.000 SMA-Militärs durchgeführt. Eine ebenfalls mit viel Personal ausgestattete Behörde organisierte die Entnahme deutscher Ressourcen für die UdSSR.

Von Anfang an bildeten sowjetische Geheimpolizeien das Rückgrat des Besatzungsregimes. Sie waren mit den Kampftruppen ins Land gekommen und nahmen sofort den „Kampf gegen den Klassenfeind“ auf. Sie errichteten flächendeckend Dienststellen, stationierten Sondereinheiten in den Städten zwecks polizeilicher Überwachung und organierten den Aufbau der deutschen Polizeiorgane, denen anfänglich bloße Hilfsfunktionen übertragen wurden. Sie beschäftigten einheimisches Personal in „Nachrichtenämtern“ samt regionalen Dienststellen und suchten überall, auch in den Westzonen, ein Netz von „Vertrauensleuten und Informatoren“ zu schaffen. Sie überprüften die Personalvorschläge der kommunistischen Partei und entließen eingestellte Kader wieder oder bestraften sie sogar, wenn diese das „Vertrauen“ der Besatzungsmacht enttäuschten. Auch übten sie die Aufsicht über die Verwaltungen und die Justiz aus und führten die generellen Säuberungskampagnen in der Partei und den Ämtern durch, die später vom Kreml wiederholt angeordnet wurden.

Bei den Razzien und Durchsuchungen fielen den sowjetischen Geheimpolizeien nicht nur Nazis und anderweitig Verdächtigte, sondern oft auch zufällige Personen in die Hände. In den Verhören, die den Festnahmen vielfach folgten, wurden alle Mittel bis zur Folter eingesetzt; nicht selten endeten sie mit dem Tod. Es gab auch Erschießungen, doch meistens wurden die Gefangenen ohne Benachrichtigung der Angehörigen, die nur das „Verschwinden“ der Betroffenen feststellen konnten, in „Spezlager“, oft ehemalige KZs der Nazizeit, seltener in die – rasch stark überbelegten – Gefängnisse eingewiesen. Von 1945 bis 1949 erfolgten nach amtlichen sowjetischen Angaben 122.700, nach neueren Erhebungen 154.000 Festnahmen. In der Haft starben etwa 43.000 Deutsche. Schätzungen der russischen Staatsanwaltschaft zufolge, verurteilten zudem Militärtribunale von 1945 bis 1955 aufgrund von „Gesetzen der Kriegszeit“ zwischen 35.000 und 40.000 Personen. Von diesen wurden 20.000 bis 25.000 in die UdSSR deportiert. 2.943 Todesurteile wurden gefällt, davon 2.223 vollstreckt.

Die drohende Verfolgung disziplinierte die Bediensteten der Behörden, die Mitglieder der Vertretungskörperschaften, die Politiker der Blockparteien und nicht zuletzt auch die Funktionäre der KPD/SED. Relativen Schutz boten nur ein hoher Bekanntheitsgrad, der die sowjetische Seite wegen befürchteten Aufsehens weithin vor Repression zurückschrecken ließ, und die geographische Nähe zu den Westsektoren, in die man bei akuter Bedrohung ausweichen konnte. Die nichtkommunistischen Spitzenpolitiker in Berlin konnten sich mithin mehr Selbstständigkeit leisten als ihre wenig bekannten Parteifreunde in der Provinz. Daher suchte die SMAD auf widersetzliche Politiker in der Hauptstadt vor-

Bundesarchiv, Bild 183-S79652, Foto Heilig

Sowjetisches Militärtribunal, August 1948

zugsweise dadurch einzuwirken, dass sie deren Gefolgschaft draußen in der SBZ durch Druck dazu veranlasste, sich gegen sie zu wenden. Diese indirekt ausgeübten Pressionen hatten meistens Erfolg.

Maßnahmen zur Veränderung der Gesellschaft

Schon im Mai waren auf Befehl des Obersten Chefs der SMAD die Sparkonten gesperrt und alle Devisen, Wertpapiere, Edelmetalle und sonstigen Vermögenswerte beschlagnahmt worden. Die Maßnahme bereicherte die UdSSR und diente dem Zweck, das Bürgertum zu proletarisieren und die ganze Bevölkerung von Erwerbsarbeit abhängig zu machen, deren Vergabe weithin Sache der Verwaltung und damit der neu eingesetzten Funktionäre war. Das Bankwesen kam vollständig in öffentliche Hände, und es gab erste Schritte zur Enteignung der Industriebetriebe. Diese richteten sich angeblich nicht gegen den Kapitalismus, sondern dienten, wie es hieß, nur der Bestrafung von „Faschisten" und „Militaristen". Von einer Bodenreform war im Mai noch keine Rede. Die sowjetischen und deutschen Kader, die vor Ort mit der Not der Bevölkerung konfrontiert waren, wollten die Ausfälle vermeiden, die bei einer Änderung der Agrarverhältnisse vor der Ernte entstehen mussten, und deshalb bis zum Spätherbst warten. Stalin kümmerte das nicht. Er hielt die sofortige Zerschlagung der „feudalen" Strukturen für unerlässlich, um, wie er hoffte, einen raschen Schulterschluss der Bauern mit den Kommunisten herbeizuführen. Das Wort des „großen und weisen Führers" wog schwerer als alle Bedenken.

Die SMAD und Ulbrichts Apparat begannen sofort mit der Vorbereitung. Ende August wurde die Enteignung unter der Parole „Junkerland in Bauernhand" eingeleitet als „der erste bahnbrechende Schritt zu einem demokratischen Deutschland". Auch in diesem Fall hieß es, die Helfershelfer der „faschistischen Aggression" müssten der gerechten Strafe zugeführt werden. Sogar erklärte Gegner Hitlers und sogar Opfer des Naziregimes verloren allen Besitz, ohne eine Entschädigung zu erhalten. Meistens wurde brutaler Zwang angewendet. Vor allem in der Bevölkerung auf dem Land gab es viel Empörung und Unruhe. Durch die Ernteausfälle verschärfte sich die verbreitete Hungersnot. Die bürgerlichen Parteien leisteten politischen Widerstand. Der Chef der Liberalen, Waldemar Koch, lehnte Enteignungen prinzipiell ab. An der Spitze der CDU waren Andreas Hermes und sein Stellvertreter Walther Schreiber zwar grundsätzlich bereit, der Beseitigung des Großgrundbesitzes zuzustimmen, bestanden aber auf einer Entschädigung und wandten sich dagegen, dass man rücksichtslos vorgehe und Strafen gegen Nazigegner verhänge. Oberst Tjulpanov, der gerade der Leiter der auch für die Parteien zuständigen neuen SMAD-Abteilung für Propaganda geworden war, sah sich im Spätherbst 1945 durch diese Widerspenstigkeit dazu veranlasst, mittels Manipulation und Nötigung die Ablösung der drei missliebig gewordenen bürgerlichen Politiker herbeizuführen.

Neben den Enteignungen wurde auch der Schulreform große Bedeutung als Ausgangspunkt der Entwicklung zum Sozialismus beigemessen. Stalin hatte persönlich bestimmt, dass es keinen „Religionsunterricht in der Schule“ geben dürfe, um die „Jugend nicht durch Popen verwirren zu lassen“. Der Militärrat der Besatzungstruppen im Norden der SBZ legte fest, dass nach dem Vorbild der UdSSR eine einheitliche deutsche Grund- und Mittelschule mit rasch zu rekrutierenden Neulehrern zu schaffen sei. Ohne pädagogische Ausbildung, aber auf der Basis „fortschrittlichen“ Geistes sollten dieses nicht aus dem Bürgertum stammende Personal die bisherigen Lehrkräfte ersetzen. Von Anfang an bauten zudem die sowjetischen Behörden mit großer Energie einen umfangreichen Parteischulungsapparat auf, der den akuten Kadermangel durch die massenhafte Ausbildung neuer, meist aus den Unterschichten stammender Kräfte beheben sollte. Sie stellten dafür – ebenso wie für die sonstige politische Arbeit der KPD – große finanzielle Mittel bereit, die zusammen mit den Ausgaben direkt für die Besatzungsmacht dem Fundus der unbegrenzt neu gedruckten Reichsmark entnommen wurde.

Mit dem Befehl, der zur Bildung der Parteien und gesellschaftlichen Organisationen führte, verband sich nachweislich die Absicht, die Entwicklung in ganz Deutschland von Berlin aus zu bestimmen. Auf Betreiben der SMAD legten die Zentralen, die als „Reichsleitungen“ landesweite Autorität beanspruchten, ihren Sitz in den künftigen Sowjetsektor und unterlagen damit auch künftig der Kontrolle der östlichen Besatzungsmacht. Diese hatte schon am 4. Mai, nur zwei Tage nach dem Ende der Kämpfe in Berlin, die Wiederaufnahme des Rundfunkbetriebs in der Stadt angeordnet. Die Gebäude befanden sich zwar in dem Sektor, der den USA zugedacht war (die sich vereinbarungsgemäß aus Thüringen, dem westlichen und mittleren Sachsen und aus der Altmark zurückzogen), doch nach deren Einzug gab die UdSSR ihre Kontrolle nicht auf. Das Programm des Senders wandte sich nicht nur an die Sowjetzone, wo sich die Medien an ihm zu orientieren hatten, sondern vor allem auch an die Westdeutschen. Die SMAD suchte die amtlichen Auffassungen auch durch zahlreiche, großzügig geförderte Zeitungen, Zeitschriften, Broschüren und Büchern von Berlin aus zu verbreiten. Im Kreml glaubte man, durch Propaganda die Haltung der Bevölkerung entscheidend prägen zu können, und gab ihr daher einen hohen Stellenwert. Tjulpanovs Behörde wachte darüber, dass sich alle Publikationen, Filme, Theateraufführungen und sonstigen Kulturaktivitäten im festgelegten Rahmen hielten.

Zwangsvereinigung der SPD mit der KPD

Die Erwartung der sowjetischen Besatzungsmacht, dass die Kommunisten mit ihrer Unterstützung die Sozialdemokraten hinter sich lassen würden, erfüllte sich nicht. Die KPD gewann zwar mehr Mitglieder, weil sie viele Posten zu vergeben hatten, fand aber in der Bevölkerung, vor allem auch in der Arbeiterschaft, weit weniger Zustimmung. Die SPD, in der die „Aktionseinheit der Arbeiterparteien" aufgrund des herrischen Verhaltens des Partners auf wachsenden Widerstand stieß, fühlte sich in einer Position der Stärke. Am 14. September erklärte Grotewohl, beim Aufbau des neuen Staates in Deutschland sei die Arbeiterklasse und in ihr seine Partei „zuerst dazu berufen, diesen neuen Staat zu errichten". Der damit geltend gemachte Führungsanspruch bedrohte die der KPD zugewiesene „führende Rolle", das heißt die Machtposition, die allein den vorgesehenen Übergang zum Sozialismus gewährleistete. Die „Übergabe der Produktionsmittel in die Hände des Volkes", für die auch die SPD eintrat, war nach sowjetischer Auffassung nur ein Anfangsschritt auf diesem Wege.

Oberst Tjulpanov war besorgt. Wenn bei den Wahlen, die im nächsten Jahr anstanden, die Sozialdemokraten mehr Stimmen erhielten als die Kommunisten, ließ sich der Anspruch der KPD auf politische Führung nicht mehr rechtfertigen. Dazu durfte es keinesfalls kommen. Deshalb empfahl er in einem Bericht an den Militärrat der sowjetischen Streitkräfte in Deutschland, die für später geplante Vereinigung der beiden Arbeiterparteien vorzuziehen. Zwar war die dafür vorgesehene Voraussetzung, die Fähigkeit der KPD zur Assimilation der SPD, nicht gegeben, doch erschien es wichtiger, zunächst einmal die andernfalls mit Gewissheit zu erwartende Wahlniederlage der Kommunisten zu verhindern. Danach konnte man weitersehen. Das Votum wurde an Stalin weitergeleitet, der wie stets den deutschen Angelegenheiten besondere Aufmerksamkeit zuwandte. Dieser gab grünes Licht. Daraufhin richtete Tjulpanov das Vorgehen seiner Behörde auf das Ziel aus, die „organisatorische Einheit der Arbeiterklasse" so bald wie möglich herbeizuführen.

Die Kursänderung trat sichtbar zutage. Ab Mitte November wurden die Sozialdemokraten an Versammlungen gehindert, auf denen Vorstellungen vorgetragen werden sollten, die nicht dem Kurs der Kommunisten entsprachen. Am 5. Dezember setzte Tjulpanov eine Kampagne in Gang, in der die Forderung erhoben wurde, die KPD müsse zusammen mit der SPD Kandidatenlisten aufstellen und einen gemeinsamen Wahlkampf führen. Ende des Monats erklärte er intern, die „rechten Kräften" in der SPD machten Schwierigkeiten: Sie wollten einen Keil in die Aktionseinheit treiben. Man müsse Übereinstimmung in den Grundsatzfragen herstellen und den organisatorischen Zusammenschluss propagieren. Am 20. und 21. Dezember fand in Ost-Berlin eine gemeinsame Sitzung der zentralen und regionalen Leitungsgremien beider Parteien statt. Zuerst wandten die sozialdemokratischen Delegierten sich mit großer Mehrheit gegen eine Verschmelzung, stimmten ihr aber am nächsten Tag mit nur einer Ausnahme zu, nachdem sie in der Nacht von Tjulpanovs Offizieren bearbeitet worden waren.

Nachdem auf diese Weise eine Rechtfertigung für die Fusion geschaffen worden war, besprach am folgenden Tag Generalleutnant Bokov mit Tjulpanov und Ulbricht das weitere Vorgehen. Angesichts des starken Widerstands an der Basis der SPD war man sich nicht sicher, ob die Vereinigung, wie geplant, bis Ende April durchzusetzen war. Wegen der Westmächte schien es auch notwendig, dass „nicht zu viel Lärm" gemacht wurde. Von da an konzentrierte die zuständige SMAD-Abteilung für Propaganda ihre Anstrengungen unter weitgehender Vernachlässigung anderer Aufgaben auf dieses Ziel und setzte alle Mittel des Gegeneinander-Ausspielens, der Manipulation, des Drucks und der Nötigung ein. Das Ergebnis entsprach trotzdem nicht den Erwartungen Stalins. Auf seine Weisung hin forderte Bokov von Tjulpanov und Ulbricht Mitte Januar, sich mit der „Vereinigung der Arbeiterparteien" zu „beeilen", um sie noch vor den Wahlen durchzuführen, die nach damaliger Planung Ende Mai vorgesehen waren. Sie sollten die Fusion „im Reichsmaßstabe" nicht abwarten, sondern sie zunächst in der Sowjetzone herbeiführen. Eine sorgfältig ausgearbeitete „Taktik des Angriffs" müsse eine „[s]charfe Kampagne" gegen die widerspenstigen „rechten Sozialdemokraten" und ihre „Entlarvung" und „Isolierung" vorsehen. Die Schwankenden müssten gewonnen werden. Das daraufhin weiter verschärfte Vorgehen brachte die Fusionsgegner in der SPD zunehmend in Bedrängnis.

In einem Gespräch mit Ulbricht am 2. Februar 1946 unterstrich Stalin seine Zustimmung zur Vereinigung und zur darauf ausgerichteten Linie. Die Partei solle künftig „Sozialistische Einheitspartei Deutschlands" (SED) heißen. Als Termin nannte er Ende April. Das Zentrum des sozialdemokratischen Widerstands war Berlin, wo die SMAD wegen der Anwesenheit der Westmächte weniger Druck ausüben konnte. Die dortige SPD beschloss am 1. März eine Urabstimmung unter ihren Mitgliedern, die deren Haltung zur Fusion feststellen sollte. Die sowjetische Besatzungsmacht und die KPD suchten diese Aktion zu verhindern. In einer von Bokov angesetzten Unterredung forderte Ulbricht, die „Gegner [zu] entlarven". Pieck verlangte, dass die – seit dem 21. Dezember auf die Vereinigung festgelegte – Parteispitze der SPD „Ausschlüsse" durchzuführen habe. Man müsse den „Stoß gegen [die] Spalter" richten und sie samt den „Fraktionstreiber[n]" nicht als Opposition, sondern als „Feinde der Demokratie" behandeln. Am 18. März hieß es auf einer „Krisensitzung" der SMAD mit der KPD-Führung und den Fusionsbefürwortern in den Leitungsgremien der SPD, die Widersacher hätten sich organisiert und seien eine „geschlossene Front", gegen die „keine Argumente" mehr nützten. Grotewohl beklagte, dass sein Einfluss auf den Apparat seiner Partei „stark eingeschränkt“ sei. Deswegen wende sich „[die] Mehrheit gegen [die] Einheit“.

Die östliche Besatzungsmacht konnte trotz allen Anstrengungen nicht verhindern, dass die Urabstimmung am 31. März in den Westsektoren stattfand. 82 Prozent der SPD-Mitglieder sprachen sich gegen den Zusammenschluss aus. Daraufhin gründeten die Opponenten der Fusion einen neuen, vom Parteivorsitzenden Grotewohl unabhängigen Landesverband, der sich gegen den sowjetischen Druck behauptete. Die SMAD ließ sich nicht von der Durchführung des Vereinigungsplans abhalten. Sie veranlasste die Zonenleitung der SPD und KPD zur Einberufung von Parteitagen am 20. April. Die Delegierten, die ihre Stimmen offen abgeben mussten, votierten einhellig für den Zusammenschluss, der am nächsten Tag auf dem I. SED- Parteitag vollzogen wurde. Die Fusion erstreckte sich nicht auf Berlin. Die Westmächte waren der Ansicht, dass die vereinigte Partei kommunistisch sei und die Sozialdemokraten nicht repräsentiere. Fortan bestanden in der Vier-Sektoren-Stadt SED und SPD nebeneinander.

Um den Anschein einer gleichberechtigten Fusion zu erwecken und den Widerstand aufseiten der Sozialdemokraten zu verringern, hatte sich die sowjetische Besatzungsmacht zu einigen demonstrativen Zugeständnissen veranlasst gesehen. Vor allem wurde „Parität“ festgelegt, das heißt jede leitende Parteifunktion wurde doppelt, sowohl von einem bisherigen Mitglied der KPD und der SPD, besetzt. Die Kommunisten hatten freilich das Übergewicht, weil sie nicht nur besser geschult waren, sondern sich auch auf den Apparat stützen konnten. Auch gab es einige geheime Büros, die im Untergrund arbeiteten und nur ihnen zu Gebote standen. Trotzdem schränkten die Regelungen ihre Macht in gewissem Umfang ein. Auch das westlich-demokratische Bild, das die KPD in ihrem Aufruf vom 11. Juni 1945 von sich gezeichnet hatte, und der deswegen an westlichen Mustern orientierte formale Aufbau sorgten für interne Verhältnisse, die der marxistisch-leninistischen Vorstellung einer strikten Parteidisziplin nicht entsprachen. Die SED war daher zur Assimilierung der sozialdemokratischen Genossen vorerst strukturell nicht in der Lage – aus Moskauer Sicht ein großer Mangel.

Als unbefriedigend erschien auch, dass die SED nur in der SBZ tätig werden konnte, während sich im übrigen Deutschland Kommunisten und Sozialdemokraten als feindliche Brüder gegenüberstanden. Der Überwindung dieser „Klassenspaltung“ kam, davon war Stalin überzeugt, entscheidende Bedeutung zu. Auch in den Westzonen sollte eine Einheitspartei die ungeteilte Unterstützung der „Arbeiterklasse“ gewährleisten. Das wäre ein gewaltiger Schritt zur Veränderung der dortigen Machtverhältnisse. Die sowjetische Seite bemühte sich in der folgenden Zeit vergeblich, die westlichen Besatzungsbehörden zur Lizenzierung der SED zu bewegen. Als dieser Versuch misslang, bildeten kommunistische Kader zusammen mit willigen Personen der SPD und ihres Umfelds Gremien, die im Namen der „sozialdemokratischen Massen“ den Zusammenschluss mit der KPD forderten. Dadurch ließ sich zwar die SPD nicht ausschalten, denn sie würde als Konkurrenzpartei fortbestehen, doch hofften die Initiatoren, das Image der wiederhergestellten „Einheit der Arbeiterklasse“ werde der neuen Gruppierung die Sympathien der meisten „Werktätigen“ sichern. Aber auch diese mehrfach auf verschiedene Weise unternommenen Versuche blieben ohne Erfolg. Im Westen standen sich SPD und KPD weiter gegenüber.

Stalin hielt die Ausdehnung der SED auf die Westzonen für so wichtig, dass er ein Angebot ins Auge fasste. Am 31. Januar 1947 erklärte er Pieck, Ulbricht und Grotewohl zu deren Entsetzen, dass er als Gegenleistung die SPD in der SBZ wieder zulassen wolle. Ihren Einwand, dann würden die Sozialdemokraten dort eine Kampagne gegen die UdSSR starten, ließ er nicht gelten: „Im Rahmen des Verdaulichen“ müsse man ihnen Kritik erlauben. Andernfalls wären die Kommunisten schwach vor Angst und wollten sich nur auf die Besatzungsbehörden stützen, statt politisch zu arbeiten. Durch bloße Verbote lasse sich das Ziel in Deutschland nicht erreichen. Sie seien doch stark genug, um es mit der sozialdemokratischen Konkurrenz aufzunehmen. Vermutlich ging er davon aus, dass es genug administrative Möglichkeiten gebe, um den Einfluss einer wieder zugelassenen SPD in engen Grenzen zu halten. Den Worten folgte kein Angebot an die Westmächte. Der Grund dürfte sein, dass auch die SMAD-Kader und Spitzenfunktionäre in Moskau die Ansicht vertraten, die Tätigkeit von Sozialdemokraten in der Sowjetzone berge unkontrollierbare Risiken. Es blieb bei politischen Winkelzügen zur Schaffung einer Partei, die als Interessenvertretung aller westdeutschen Arbeiter erscheinen sollte. Wie Stalin im März 1948 äußerte, ging es wesentlich darum, dass die Gefolgschaft in den Westzonen das kommunistische Etikett loswurde und ohne diese Belastung den Kampf um die Macht aufnehmen konnte.

Wahlen und Ausbau der Verwaltung

Gemäß Absprache mit den Westmächten waren 1946 Wahlen vorgesehen. Stalin hatte diese zunächst für unproblematisch gehalten, weil er mit den Stimmen der „Werktätigen“ rechnete, aber die hohen Wahlsiege der „Bürgerlichen“ in Ungarn und Österreich im November 1945 versetzten seiner Zuversicht einen Schlag. Von da an fürchtete er offenbar, dass nicht einmal die Fusion mit der SPD den Sieg gewährleiste. Die SED sollte aber unbedingt die Mehrheit erringen. Um die Aussicht darauf zu verbessern, schaltete er einen Volksentscheid über die Enteignung der Betriebe von „Nazis und Kriegsverbrecher“ in Sachsen vor, um dieses Land mit umfangreicher Arbeiterschaft und sehr wirkungsvollen Kontrollapparaten zum kommunistischen Trendsetter zu machen. Bei dem Referendum wurden über drei Viertel Jastimmen erzielt. Daraufhin hatte Tjulpanov für die Wahlen einen Maßnahmenplan zu erarbeiten, der genau bestimmte, wie der Sieg herbeigeführt werden sollte. Der Oberste Chef der SMAD nahm zusammen mit seinem Politischen Berater Semjonov daran Änderungen vor und gab entsprechende operative Anweisungen an die sowjetischen und deutschen Kader.

Der Schwerpunkt lag auf dem Gebrauch „administrativer“ Mittel, die sich besonders gut bei den Kommunalwahlen auf dem

Land einsetzen ließen, in den größeren Städten dagegen nur sehr begrenzt und in Berlin, wo man mit den westlichen Besatzungspartnern zu rechnen hatte, fast überhaupt nicht möglich waren. Die lokalen Kommandanturen waren schon Anfang 1946 angewiesen worden, in den Dörfern und Kleinstädten, wo sich CDU und LDP Zeit zu ihrer Organisation benötigten, die Genehmigung ihrer Ortsvereine weiter zu verzögern, um die Einreichung ihrer Kandidatenlisten zu verhindern. Mithin ging die SED bei den Kommunalwahlen weithin allein ins Rennen und erzielte so ein beeindruckendes Gesamtergebnis. In der intern erklärten Absicht, den „reaktionären Kräften" nach diesem Schock keine Zeit zur Sammlung ihrer Kräfte zu lassen, wurden kurz darauf die Wahlen zu den Landtagen angesetzt, bei denen sich die Konkurrenz der bürgerlichen Parteien zwar nicht mehr großflächig ausschließen ließ, aber im Ausschuss der Blockparteien der Beschluss herbeigeführt wurde, dass sich auch einige gesellschaftliche Organisationen beteiligen – also Kommunisten als scheinbar unabhängige Kandidaten präsentieren – konnten.

Nach den geheimen Instruktionen der SMAD sollte der Erfolg vor allem dadurch errungen werden, dass man die Frauen (die weit zahlreicher waren als die Männer), die Bauern (die vielfach von der Bodenreform profitiert hatten), die „kleinen Nazis" (denen man eine Rehabilitation „zur Teilnahme am demokratischen Aufbau" versprach) und die Jugend (die man mit Chancen des sozialen Aufstiegs lockte) für die SED gewann. Die Besatzungsmacht veranlasste zudem vor der Wahl Erhöhungen der Lebensmittelzuteilungen und der Löhne, verkündete ein Ende der Demontagen (weil die Reparationen aus der laufenden Produktion von Betrieben erfolgten, die in das Eigentum der UdSSR überführt wurden), ergriff Maßnahmen zur Verhinderung der immer noch häufigen Übergriffe durch sowjetische Soldaten und leitete Schritte zur Gleichberechtigung der Frauen ein. Ganz groß wurde das Bekenntnis zur Einheit Deutschlands herausgestellt, und die SED durfte sogar kurzzeitig die Abtretung der Gebiete jenseits von Oder und Neiße in Zweifel ziehen, um, wie man im Kreml hoffte, ihr dadurch das Odium der „Russenpartei" zu nehmen und den bürgerlichen Parteien das Wasser abzugraben. Die Lockungen wurden, soweit sich das ohne Aufsehen machen ließ, durch Manipulationen, Restriktionen, Verbote, Eingriffe, Einschüchterungen, Pressionen und Verhaftungen ergänzt. Die Mitglieder der gesellschaftlichen Organisationen, die Verwaltungsangestellten und die Lehrer erhielten den Auftrag, für die SED zu werben.

Trotz allen Bemühungen entsprachen die Ergebnisse nicht den Erwartungen. Das zeigte sich schon bei den Gemeindewahlen im September: Die SED siegte zwar haushoch auf dem Land, war aber in den Städten vielfach schwächer als die bürgerlichen Parteien gemeinsam. Bei der Stimmabgabe für die Landtage am 20. Oktober 1946 ging in vier Ländern die SED zusammen mit der von ihr beherrschten Vereinigung der gegenseitigen Bauernhilfe (VdgB), den Frauenausschüssen und dem Kulturbund knapp in Führung, doch in Sachsen-Anhalt waren die bürgerlichen Kräfte von LDP und CDU stärker. Geradezu katastrophal aus sowjetischer Sicht war das Resultat in Berlin: Die SED lag mit einem Stimmenanteil von nur 19,8 Prozent hinter der SPD, die mit 48,7P Prozent klar siegte, und auch der CDU, die 22,1 Prozent für sich verbuchte – ein Misserfolg, der den Anspruch der Kommunisten auf die „führende Rolle“ in Frage stellte und auch keinen Ausschluss der Bürgerlichen von allen wichtigen Posten in den Parlamenten und Regierungen rechtfertigte. Die SMAD führte die enttäuschenden Ergebnisse darauf zurück, dass es der SED nicht gelungen sei, die Bevölkerung davon zu überzeugen, dass sie eine „echt deutsche Partei“ und keine „Agentur der Besatzungsmacht“ sei. Auch habe sie es versäumt, eine geschlossene Abwehrfront gegen die bürgerlichen Kräfte zu bilden, und der Umstand, dass sie ohne stalinistische Organisationsstrukturen und Verhaltensmuster gewesen sei, habe sich negativ ausgewirkt.

Tjulpanov beklagte intern, der Sieg der SED sei „unvollständig“ und die Opposition „nicht endgültig zerschlagen“. Aus dieser Einschätzung zog Stalin den Schluss, alle Kontrollen und Beschränkungen genügten nicht, um zuverlässig zu gewährleisten, dass die gewählten Organe der sowjetischen Politik stets den Anschein deutscher Beschlüsse gaben. Er beschloss daher, ihnen wichtige

Kompetenzen vorzuenthalten und diese einem davon unabhängigen administrativen Zentrum zu übertragen. Das blieb auf die SBZ beschränkt. Der in Berlin von den gewählten Stadtverordneten gebildete Magistrat, an dessen Spitze ein sozialdemokratischer Oberbürgermeister mit je einem Stellvertreter aus CDU, SED und SPD stand, unterlag zwar wie alle deutschen Behörden alliierter Kontrolle, musste sich aber keiner sowjetisch eingesetzten Oberverwaltung unterordnen.

Stalin äußerte am 31. Januar 1947 auch die Hoffnung, der Rat der vier Außenminister werde sich auf seiner Moskauer Sitzung im Frühjahr über den politischen Zusammenschluss des geteilten Deutschlands verständigen. Die Zentralbehörde der SBZ sollte die Keimzelle der künftigen Regierung sein. Die am 30. Juli 1946 gegründete Deutsche Verwaltung des Innern (DVdI) wurde daher – ebenso wie die später, am 4. Juni 1947, etablierte Deutsche Wirtschaftskommission (DWK) – mit einem gesamtdeutschen Anspruch ausgestattet. Falls sich über die Bildung einer die Westzonen einschließenden Regierung keine Übereinkunft erzielen lasse, wollte Stalin die Rolle der Massenorganisationen als Basis des kommunistischen Regimes verstärken. Zugleich sah er Maßnahmen vor, die in der SED den Einfluss der Sozialdemokraten ausschalten und eine Disziplin nach dem Vorbild der KPdSU einführen sollten. Auch ließ er eine Abwendung von dem bis dahin nach außen hin aufrechterhaltenen Prinzip der freien Wahl vorbereiten, das nunmehr als undemokratisch verworfen wurde.

Formulierung einer Verfassung mit gesamtdeutschem Anspruch

Auf der Pariser Sitzung des Rates der vier Außenminister im Sommer 1946 suchten die USA vergeblich die Zustimmung der UdSSR zu einer Regelung zu erhalten, die einen Vertrag mit einem einheitlichen Deutschland und den Abzug der Besatzungstruppen ermöglichen sollte. Das kam für Stalin nicht in Betracht, weil er, wie sein Außenminister Molotov zu erkennen gab, an der „Demokratisierung" der SBZ nach seinen Vorstellungen festhalten wollte.

Er erklärte eine lange Dauer der Okkupation für unerlässlich, um die an seinen Vorstellungen orientierte „Demokratie" dauerhaft durchzusetzen. Auch der amerikanische Ersatzvorschlag, sich wenigstens über einen ökonomischen Zusammenschluss der Zonen zu verständigen, stieß auf Ablehnung. Die Initiative fand aber bei den Deutschen viel Beifall. Darüber war man im Kreml besorgt, suchte man sich doch als der wahre Anwalt ihres nationalen Interesses zu profilieren. Man gab der SED-Führung zu verstehen, sie müsse in dieser Hinsicht etwas unternehmen, und wies sie an, Pläne für eine einheitliche Regierung und eine „Reichsverfassung" auszuarbeiten. Als Ulbricht daraufhin der SMAD Vorschläge unterbreitete, hob der für Propaganda zuständige Offizier von Tjulpanovs Behörde hervor, die deutsche Zukunft hänge nicht von diesen Projekten, sondern von den „Errungenschaften" in der SBZ ab.

Es wurde ein „Verfassungsentwurf der deutschen demokratischen Republik" nach dem Vorbild der sowjetischen Stalin-Verfassung von 1936 formuliert. Im Vordergrund stand das Bekenntnis zu demokratischen Bürgerrechten. Aber dieses Bekenntnis blieb vage und war nicht an Regelungen gebunden. Sehr konkret war hingegen die Festlegung auf Strukturen, welche die in der SBZ durchgeführten Umgestaltungen fixierten und die Konzentration der „Volksgewalt" in einer einzigen Hand vorsahen. Man berief sich dabei auf die bürgerlich-demokratische Tradition der Revolution von 1848 und orientierte sich formal am Verfassungstext der Weimarer Republik, der, wie es hieß, die Richtschnur bilde und nur durch wirtschaftliche Rechte ergänzt worden sei. Das Ergebnis wurde von der SMAD dem Außenministerium in Moskau übermittelt, wo sich aber die Entscheidung darüber verzögerte. Als einen Monat später noch kein Bescheid vorlag, drängte Ulbricht auf Eile. Angesichts der mittlerweile in den Westzonen fortgeschrittenen Diskussion über die Länderverfassungen und wegen der – damals noch – bevorstehenden Landtagswahlen in der SBZ sei es nötig, der Öffentlichkeit eigene staatspolitische Vorstellungen zu unterbreiten. Nur so könne man namentlich in Westdeutschland den „Kampf um Demokratie" beeinflussen.

Nach einigen Textänderungen in Moskau stimmte die SMAD im Oktober zu, dass der Entwurf sowie eine prinzipielle Erklärung über die „Grundrechte des deutschen Volkes“ veröffentlicht werden könnten. Nunmehr hielt auch das auswärtige Ressort der UdSSR die Sache für dringlich, denn es wollte für die Stellungnahme zur deutschen Frage auf der Sitzung des Rates der vier Außenminister in New York ab 3. November 1946 eine amtlich festgelegte Grundlage haben. Dennoch kam es zu keiner raschen Entscheidung, denn jetzt nahm der ZK-Apparat weitere Korrekturen vor. Daher konnte die Publikation erst am 16. November erfolgen. Der so zustande gekommene Verfassungsentwurf diente der SED als Bezugspunkt einer daraufhin in Gang gesetzten intensiven Propagandakampagne für die deutsche Einheit. Dabei wurde besonders betont, dass die unterbreiteten Vorschläge auf deutscher Tradition beruhten und ohne ausländische Einflussnahme formuliert worden seien.

Stalin, der Westen und die deutsche Einheit 1946/47

Stalin erörterte mit der SED-Führung am 31. Januar 1947, wie man den einheitlichen Staat schaffen solle. Als Grundlage betrachtete er den in Potsdam 1945 gefassten, aber nicht verwirklichten Beschluss über den Aufbau gesamtdeutscher Verwaltungen. Das wäre der erste Schritt zur Bildung einer Zentralregierung. Es stelle sich die Frage, wie sich die Alliierten im Westen verhalten würden. Nach Ansicht des Kremlchefs suchten die USA den Weltmarkt zu beherrschen und fürchteten die Konkurrenz Deutschlands. Daher seien sie nicht für dessen Einheit, sondern für eine föderalistische Ordnung, die ein schwaches Land und damit die wirtschaftliche Unterwerfung gewährleiste. Das gegenteilige Konzept der UdSSR gehe davon aus, dass es im Interesse der Menschheit liege, Deutschland (wie auch Japan) zum Weltmarkt zuzulassen. Man könne es mit seiner 70-Millionen-Bevölkerung nicht aus der Geschichte hinauskatapultieren und vom Weltmarkt fernhalten. Ganz Europa benötige die guten und preiswerten Waren aus

Deutschland. Zudem wäre es betrüblich, wenn es den deutschen Arbeitern schlecht ginge. Ihnen müsse geholfen werden.

Außer Betracht blieb, dass sich die UdSSR in dem besetzten Land in großem Umfang Güter aneignete, die dort dringend benötigt wurden, und auf einem Niveau der Industrieproduktion bestand, das keine Bezahlung der zur Mindestversorgung notwendigen Lebensmittelimporte erlaubte. Ohne die wirtschaftlichen Gesichtspunkte zu berücksichtigen, forderte Stalin die Herstellung der politischen Einheit und erklärte, eine Regierung sei nötig zur Planung der Abgaben und Gesetze und zur Anleitung der Verwaltung. Wenn das nicht geschähe, wäre ein wirtschaftlicher Zusammenschluss auf der Grundlage der amerikanischen- und britischen Vorstellungen eine „Vereinigung der Okkupanten, ohne die Deutschen". Je früher eine Zentralregierung gebildet werde, desto besser. „Deswegen wenden wir uns gegen den Föderalismus." Dieser würde zu „Revanche und Krieg" führen, und die UdSSR müsste die Parole der deutschen Einheit an die Bourgeoisie abtreten. „Für uns ist das nachteilig. Diese Parole darf uns nicht aus den Händen fallen." Wie Stalin glaubte, befürwortete die Bevölkerung mit großer Mehrheit einen zentralistischen Staat. Daher lasse sich mit dieser Parole ein Referendum gewinnen, das man danach zum Votum für den Sozialismus erklären könne. Wenn sich die Zentralregierung nicht erreichen lasse, müsse man eben zunächst eine Zentralverwaltung errichten. Die westlichen Alliierten seien dagegen und machten großes Geschrei um die wirtschaftliche Einheit. In Wirklichkeit jedoch wollten sie ein vierfach geteiltes Deutschland.

Unter Hinweis darauf, dass die Besatzungsmächte Einstimmigkeit vereinbart hatten, schloss Stalin die Möglichkeit von Mehrheitsentscheidungen bei der Vereinigung Deutschlands von vornherein aus. Ohne zu sagen, wie die Konflikte auf andere Weise zu überwinden seien, gab er der Hoffnung Ausdruck, dass eine „Einigung auf der Basis der Zentralverwaltung und eines Koordinationsorgans" möglich sei. Es gehe um die „Schaffung einer gesamtdeutschen Regierung unter der Kontrolle der Besatzungsmächte", die den Friedensvertrag abzuschließen vermöge. Sollte es jedoch nicht dazu kommen, müsse in der SBZ die gesamte deutsche Verwaltung vereinigt werden. Die Lage dort werde sich verbessern, denn die Demontagen seien beendet; die Zahl der zu ernährenden sowjetischen Soldaten verringere sich, die Reparationen würden nicht forciert und, falls nötig, auch zeitlich gestreckt.

Diese Aussagen und die lautstarken östlichen Vereinigungsappelle an die Deutschen lassen das Bestreben Stalins erkennen, der überaus positiven Resonanz, welche die USA und Großbritannien mit ihren (nicht bezahlten) Lebensmittellieferungen an ihre Zonen, mit der Rede des amerikanischen Außenministers James Byrnes am 6. September 1946, der die Lösung der brennenden Probleme zugesichert hatte, und mit dem Zusammenschluss ihrer Zonen als erstem Schritt zur nationalen Einheit gefunden hatten, etwas entgegenzusetzen. Er wollte der UdSSR den Ruf verschaffen, dass sie – und nicht der Westen – die deutschen Interessen wahrnehme, das besiegte Land von Lasten befreie und auf seine Vereinigung hinarbeiten. Von vornherein war fraglich, ob sich die gewünschte Wirkung erzielen ließ. Die Propagandisten des Kremls konnten kaum plausibel machen, dass die Zentralisierung der SBZ kein Schritt zur Verfestigung der sich von den anderen Zonen unterscheidenden neuen Ordnung war, sondern auf die nationale Einheit abzielte. Noch schwerer wog, dass die Deutschen keineswegs den Eindruck gewannen, das Vorgehen der östlichen Besatzungsmacht entspreche ihren Interessen und Bedürfnissen.

Die Sowjetunion hatte der SBZ waren von Anbeginn an in beispiellosem Umfang als „Beute" und Reparationen Vermögenswerte, Gegenstände, Infrastruktur- und Industrieanlagen entnommen. Zwar wurden ab Sommer 1946 die Demontagen, die bis dahin oft mehrfach nacheinander erfolgt waren, wenn man die Betriebe wieder aufgebaut hatte, weithin eingestellt, doch gingen dafür 213 Fabrikationsstätten mit weit über einer halben Million Beschäftigten als Sowjetische Aktiengesellschaften in das Eigentum der UdSSR über. Das waren faktisch exterritoriale Wirtschaftskörper, die nach Maßgabe sowjetischer Plänen unter Einsatz allein deutscher Mittel, Arbeitskräfte und Vorprodukte Reparationsgüter herstellten. Von besonderer Bedeutung, weil für das Bemühen der um den Bau der Atombombe unerlässlich, war das Uranbergbaurevier im Erzgebirge. Dieses wurde von der sonstigen SBZ abgeriegelt, und in Anbetracht der besonders miserablen dortigen Lebensverhältnisse sah man sich dazu veranlasst, weithin zwangsverpflichtete Arbeitskräfte einzusetzen. Die Behörden in der SBZ suchten zwar den Verhältnissen keine Publizität zu geben, doch diese ließen sich nicht völlig geheim halten.

Vor diesem Hintergrund wandte sich die UdSSR gegen das Verlangen der Westmächte nach Herstellung der wirtschaftlichen Einheit Deutschlands und ignorierte das Argument, dass die von ihr unaufhörlich geforderte administrativ-politische Vereinigung der ökonomischen Basis bedürfe. Mit diesem Standpunkt fand sie bei der Bevölkerung keinen Beifall, war deren Leben doch von alltäglicher Not bestimmt. Es entstand im Lande weithin der Eindruck, dass man in Moskau ihren elementaren materiellen Bedürfnissen gleichgültig gegenüberstehe. Die beiden Westmächte standen ganz anders da: Sie erklärten nicht nur, wie sich das bestehende Elend beheben lasse, nämlich durch Erhöhung der Industrieproduktion zur Vergütung der nötigen Einfuhren, sondern lieferten auch Nahrungsmittel ohne Bezahlung, als die Sowjetunion die geforderte Regelung durch ihr Veto verhinderte. Das sollte freilich nach Ansicht der Regierungen in London und Washington nicht zum Dauerzustand werden.

Nach zahlreichen vorangegangenen Bemühungen suchten die Amerikaner und Briten auf der Moskauer Sitzung des Außenministerrats vom 10. März bis 24. April 1947 die sowjetische Seite nochmals zur Zustimmung zu einem deutschen Industrieniveau zu bewegen, das Ausfuhren als Gegenleistung für Lebensmittelimporte ermöglichen würde. Dazu war der Kreml UdSSR nicht bereit und bestand überdies auf Erfüllung aller seiner Forderungen. Bevor man über eine Erhöhung der Produktion sprechen könne, seien so wie in der SBZ auch in Westdeutschland die in Potsdam übernommenen „Verpflichtungen" bezüglich der Reparationen und der Durchsetzung der Besatzungsziele Entnazifizierung, Entmilitarisierung, Dekartellisierung und Demokratisierung zu erfüllen. Auch müsse eine Vier-Mächte-Kontrolle des Ruhrgebiets die „wirtschaftliche Entwaffnung“ der Deutschen dauerhaft gewährleisten. Demnach verlangte die UdSSR die uneingeschränkte Befriedigung ihrer materiellen Forderungen, die Ausdehnung der politischen Verhältnisse von der SBZ auf das ganze Land und die Beteiligung an den Entscheidungen über das industrielle Kerngebiet der Westzonen. Das lehnten die USA und Großbritannien ab, waren aber zu ökonomischem Entgegenkommen bereit. Wenn die Sowjetunion den Deutschen den zur Deckung der benötigten Importe erforderlichen Produktionsumfang gestatte, wolle man ihr Reparationen aus der laufenden Gütererzeugung zubilligen. Dieses Angebot wurde zurückgewiesen.

Die Beilegung der Differenzen wäre die Voraussetzung für eine Verständigung über die deutsche Einheit gewesen. Freilich lagen die Standpunkte auch in dieser Frage weit auseinander. Die Westmächte waren gegen den Vorschlag einer deutschen Vier-Zonen-Verwaltung, weil nach ihrer Ansicht die zentralistischen Strukturen der SBZ nicht auf das ganze Land erstreckt und zur Grundlage einer Regierung gemacht werden sollten. Auf Ablehnung stießen auch die Forderungen nach unbeschränkter Dauer des Besatzungsregimes und nach einem zeitlich unbegrenzten Veto hinsichtlich aller inneren Angelegenheiten, so dass der deutschen Regierung kein Spielraum für eigenes Handeln bliebe. Mitte April waren die Verhandlungen völlig gescheitert. Stalin nahm das gleichmütig hin, denn er ging von der Annahme aus, seine Politik der einseitig geschaffenen Tatsachen ohne ernstliche Gegenwirkungen fortführen zu können. Es sollte sich jedoch bald zeigen, dass die Amerikaner und Briten nicht dem Einvernehmen mit der UdSSR, sondern der Stabilisierung ihrer Zonen den Vorrang gaben.

2. Sowjetische Besatzungspolitik in der Frühphase des Kalten Kriegs

Der offene Ausbruch des Ost-West-Konflikts

Nach zwei Jahren vergeblichen Bemühens um Übereinkunft mit der UdSSR wollten sich die USA und Großbritannien nicht länger durch deren Veto davon abhalten lassen, die Probleme zu lösen. Dabei handelte es sich nicht nur um die Bezahlung der an ihre Zonen gelieferten Lebensmittel. In ganz Westeuropa herrschte Not, die, wie man fürchtete, dem Sowjetsystem den politischen Boden bereiten konnte. Um das zu verhindern, sollten Voraussetzungen für eine stabile demokratische Entwicklung geschaffen werden. In Washington arbeitete man ein Hilfsprogramm aus, das Außenminister Marshall am 5. Juni 1947 der Öffentlichkeit vorlegte. Den Europäern wurde materielle Unterstützung angeboten unter der Bedingung, dass sie ihre Wirtschaftspolitik koordinierten. Die Empfängerländer sollten gemeinsam feststellen, was sie benötigten, wie sie die Mittel verwenden und ihre Ökonomien aufeinander abstimmen wollten, um sich nicht in die Quere zu kommen. Auch den Westzonen war Hilfe zugedacht, die nicht zuletzt auch einer Steigerung ihrer Industrieproduktion dienen sollte.

Stalin war davon ausgegangen, dass sich die USA aus Europa zurückziehen würden. Nun geschah das Gegenteil: Sie engagierten sich auf dem Kontinent und setzten der UdSSR ihre Macht entgegen. Das wertete er als Ausdruck einer feindlichen Haltung, wollte aber zugleich die Chance nutzen, welche die auch an sein Land gerichtete Offerte bot. Schon seit langem hoffte er auf einen substanziellen amerikanischen Beitrag zum Wiederaufbau seines von den Deutschen weithin zerstörten Landes. Dafür scheinen jetzt gute Voraussetzungen zu bestehen. Nach dem Urteil sowjetischer Ökonomen war die Regierung in Washington wegen einer drohenden Wirtschaftskrise gezwungen, Kapital zu exportieren. Mithin brauchte Stalin nur zu verhindern, dass diese Mittel zum Aufbau politischer Positionen benutzt wurde. Da die Urheber des

Marshall-Plans ihre ökonomischen Schwierigkeiten nur durch Auslandshilfe beheben könnten, sei es möglich, die benötigte Unterstützung ohne Annahme der gestellten Bedingung zu erhalten, so Stalin. Das sollte dann auch die anderen Empfängerländer zur Ablehnung der geforderten „wirtschaftlichen Versklavung" veranlassen. Dadurch lasse sich verhindern, dass es zur Bildung der antisowjetischen Gruppierung komme, die den USA vor Augen stehe.

Sehr bald musste Stalin erkennen, dass die Entwicklung in eine andere Richtung ging. Die Akteure in Washington sahen keinen Grund, von ihrer Bedingung Abstand zu nehmen, und aufseiten der Europäer zeichnete sich die Bereitschaft zum Eingehen darauf ab. Das galt nicht zuletzt auch für Staaten im Lager der UdSSR. Das Regime in Prag nahm die Einladung zu den Verhandlungen über den Marshall-Plan ohne Widerspruch an, die Kommunisten in Polen ließen die Bereitschaft dazu erkennen, und es stand zu befürchten, dass andere östliche Regierungen diesen Beispielen folgen würden. Mithin drohten die Länder des sowjetischen Machtbereichs unter den Einfluss Washingtons zu geraten und der Kontrolle seitens der Kremlführung zu entgleiten. Das wollte Stalin unter keinen Umständen zulassen. Er verzichtete deshalb auf den Versuch, sich von innen her gegen das amerikanische Hilfsprogramm zu wenden, und beschränkte sich darauf, es von außen her zu bekämpfen. Außenminister Molotov, den er zu Verhandlungen über den Marshall-Plan nach Paris geschickt hatte, wurde nach Moskau zurückbeordert. Die kommunistischen Staaten Mittel- und Osteuropas mussten sich dem Kampf der UdSSR gegen die angeblich versklavende „Marshallisierung" des Kontinents durch den „amerikanischen Imperialismus" anschließen. Wie es offiziell hieß, waren die USA zur expansionistischen „faschistischen" Macht geworden, die von „allen ehrlichen Demokraten" zu bekämpfen war.

Stalin behandelte den Marshall-Plan als politische Kriegserklärung, die einer entsprechenden Antwort bedürfe. Deshalb ließ er eine Konferenz der kommunistischen Parteien Osteuropas, Italiens und Frankreichs vom 22. bis 27. September 1947 im schlesischen Kurort Szklarska Poręba (Schreiberhau) veranstalten. Dort erklärte in seinem Auftrag der zweite Mann im Kreml, Andrej Shdanov, die Lager des Sozialismus und Imperialismus stünden sich in unerbittlicher Feindschaft gegenüber. Als Instrument des damit proklamierten unbedingten Kampfes gegen die USA und die anderen westlichen Staaten wurde das Kommunistische Informationsbüro (Kominform) mit Sitz in Belgrad gegründet. Die SED nahm als Partei eines dem Besatzungsregime unterworfenen Landes nicht teil, wurde aber selbstverständlich von den sowjetischen Behörden zum Einschwenken auf die neue politische Linie veranlasst.

Erste Auswirkungen auf die sowjetische Besatzungspolitik

Aufgrund des nicht mehr verschleierten Konflikts mit den Westmächten sah die sowjetische Besatzungsmacht keinen Grund mehr, auf deren Vorstellungen Rücksicht zu nehmen. Sie wandte sich nunmehr offen gegen alle politischen Kräfte in der SBZ, die gegen ihre Politik opponierten oder auch nur Vorbehalte machten. Sie wurden entweder zur unbedingten Einordnung in die „demokratische" Einheitsfront gezwungen oder als deren Feinde ausgeschaltet. Die UdSSR war aber weiter um die Deutschen bemüht und berücksichtigte deshalb ihre als „bürgerlich" eingeschätzte Haltung. Das galt vor allem für die Bevölkerung der Westzonen, die dem beherrschenden Einfluss des „bürgerlichen Klassengegners" ausgesetzt sei, doch auch in der eigenen Zone ließ es das gesellschaftliche Gewicht der bürgerlichen Schichten ratsam erscheinen, ihren geschlossenen Widerstand nicht herauszufordern, denn das hätte die Durchsetzung des sozialistischen „Fortschritts" unnötig erschwert. Vor diesem Hintergrund hieß es nach wie vor, dass es um eine „bürgerlich-demokratische" Entwicklung gehe und dass Privatwirtschaft und Privateigentum respektiert würden. Nur die Banken und Großbetriebe seien in „Volkseigentum" überführt worden, damit die wirtschaftliche Macht dem Volk gehöre. Zwar wurden verschiedentlich auch kleinere Firmen enteignet, doch war das, wie Stalin die Führer der SED anwies, nicht als antibürgerliche Maßnahme, sondern als Strafe für individuelle Verfehlungen zu deklarieren.

Solange das Prinzip der Zusammenarbeit die Beziehungen zu den Westmächten offiziell bestimmt hatte, war die UdSSR, wie vereinbart, bereit gewesen, das besetzte Land aller Macht zu entkleiden und daher insbesondere kein Militär zuzulassen. Apparate dieser Art mit deutschem Personal waren daher auch in der SBZ tabu, obwohl die SED schon im Sommer 1946 darauf hingewiesen hatte, dass eine Armee unter ihrer Kontrolle kein Instrument der Unterdrückung mehr wäre, sondern dem Volk dienen würde. Am 31. Januar 1947 hatte Stalin den Spitzenkadern der SED erklärt, dass er ihnen – anders als den Kommunisten in den anderen Ländern des sowjetischen Lagers – weder Streitkräfte noch eine Geheimpolizei zugestand. Das änderte sich, als er auf Konfrontationskurs zum Westen ging. Nunmehr war offiziell von der „Verschärfung des Klassenkampfs in Deutschland" die Rede. Darauf stellte sich der Kremlchef nunmehr ein. Auch wenn er die Besetzung noch lange fortsetzen wollte, würde man irgendwann einen Friedensvertrag mit folgendem Abzug der Besatzungstruppen abschließen. Das Kräfteverhältnis zwischen beiden deutschen Teilgebieten würde dann entscheidend für die Gestaltung ganz Deutschlands sein. Zudem hoffte Stalin noch immer darauf, dass die SED in den Westzonen politisch Fuß fassen und dann vielleicht schon vorher die Frage der staatlichen Einheit akut machen könnte. Auf beide Fälle wollte er sich durch den Aufbau von Machtapparaten vorbereiten, um „seine Leute" ins Spiel zu bringen.

Die im Vorjahr gegründete Deutsche Verwaltung des Innern (DVdI) hatte unter anderem die nur dezentral organisierten Polizeien zoneneinheitlich zusammengefasst. Eine besondere Funktion kam dabei den „Kommissariaten 5" (K 5) zu, die den sowjetischen Sicherheitsdiensten als Hilfsorgane unterstanden und damit faktisch aus der DVdI ausgegliedert waren. Am 28. Juli 1947 wies ihnen nunmehr der Oberste Chef der SMAD gemäß Befehl aus dem Kreml erstmals eigene Befugnisse zu. Die sowjetischen Sicherheitsdienste übertrugen ihnen die Zuständigkeit für die Durchführung der Entnazifizierungsverfahren. Auch wenn sie weiter deren Kontrolle unterstanden, erhielten sie dadurch Macht. Außer wenn die sowjetische Seite Einspruch erhob (was kaum vorkam), hing es von ihnen ab, wer als schwer, leicht oder bloß formal belastet eingestuft wurde. Das erlaubte Lockungen und Erpressungen, mit deren Hilfe man etwa Spitzel anwerben oder der SED folgsames Personal zuführen konnte. Da die K 5 zur Erfüllung dieses Auftrags zu wenig Personal hatten, wurden zahlreiche neue Kader proletarischer Herkunft rekrutiert und von sowjetischen Geheimpolizisten in Überwachungs-, Penetrations- und Verhörmethoden unterwiesen. Offenbar sollten sie zur künftigen Übernahme umfassender derartiger Aufgaben befähigt werden. Gleichzeitig bereiteten Vertreter des Moskauer Verteidigungsministeriums und der SED unter strikter Geheimhaltung den Aufbau einer militärischen Truppe von 50.000 Mann vor, die nicht nur aufgrund ihrer Zahl, sondern auch ihrer Bewaffnung, Ausbildung und Organisation den zersplitterten Polizeien im Westen völlig überlegen sein würde.

Nach sowjetischer Ansicht war es auch nötig, dass die SED als entscheidende politische Kraft in der SBZ eine stalinistische Struktur erhielt, welche die Unterwerfung aller Mitglieder unter eine eiserne Disziplin sowie Geschlossenheit im Kampf gegen den Feind im Innern und im Westen gewährleistete. Nachdem die Partei seit 1945 um das Image einer demokratischen Organisation bemüht gewesen war und bei der Vereinigung im April 1946 Zugeständnisse an die Mitglieder aus der SPD gemacht hatte, war dieses seit Lenin anerkannte Erfordernis vernachlässigt worden. Aus der Sicht des Kremls war es ein Skandal, dass sich sogar in der SED manche gegen die Ablehnung des Marshall-Plans wandten. Abhilfe erschien dringend geboten. In den Referaten und Beschlüssen des II. Parteitags vom 20. bis 24. September 1947 erklärte sich die SED zur „Partei neuen Typus", die sich bedingungslos der UdSSR und Stalin als „großem und weisem Führer" unterordnete, nur völlig zuverlässig erscheinende Personen in ihren Vorstand wählte und die Notwendigkeit betonte, in jeder Hinsicht „aus der Erfahrung der KPdSU(B) zu lernen". Die Haltung der Delegierten spiegelte aber, wie Tjulpanov nach Moskau berichtete, die Stimmung nur der führenden Parteikreise wider. An der Basis herrsche ein „niedriges theoretisches Niveau". Es gebe weiter „Überreste des sozialdemokratischen Opportunismus" und sogar „faschistische" Tendenzen.

Dem scharfen Kurs innerhalb der SED entsprach der zunehmende Druck auf die bürgerlichen Parteien. Ihr ohnehin geringer Handlungsspielraum verringerter sich weiter. CDU und LDP wurden dazu aufgefordert, in die kommunistische Polemik gegen den Marschall-Plan und die Westmächte voll einzustimmen. Sie durften fortan auch keine öffentliche Stellungnahme mehr ohne Einverständnis der SED abgeben. Das lief darauf hinaus, sie durch einen Maulkorb mundtot zu machen. Auch ging es den Kommunisten erklärtermaßen darum, sie auch intern so weit wie möglich zu schwächen. Wie es in einem Beschluss hieß, sollten die „fortschrittlichen Kräfte" in den bürgerlichen Parteien gestärkt und die „reaktionären Flügel" zurückgedrängt werden. Deshalb wurden Schritte zur sukzessiven Spaltung und Schwächung von CDU und LDP eingeleitet. Ihre Funktionäre waren vor die Wahl zu stellen, entweder zu kuschen und damit Erwartungen ihrer Mitglieder und Anhänger zu enttäuschen oder die Forderung abzulehnen und damit Ausschaltung und Verfolgung auf sich zu ziehen. Beide Parteien wurden deshalb im Herbst 1947 mit dem kategorischen Verlangen konfrontiert, für ein „neues Kontrollorgan des Volkes" in den Betrieben zu stimmen, von dem klar war, dass sie es programmatisch ablehnten und dass dessen Billigung sie ihrer Klientel entfremden musste.

Der 1. Deutsche Volkskongress

Im Zuge des offen ausgebrochenen Kalten Krieges verstärkte die UdSSR ihr Bemühen, die Öffentlichkeit in Deutschland mit Parolen der nationalen Einheit gegen die Westmächte zu mobilisieren. Die SMAD ließ ab Oktober einen „Volkskongress" vorbereiten, der im ganzen Land eine gegen den Marshall-Plan und die „westliche Spalterpolitik“ gerichtete Bewegung hervorrufen sollte. Der damit verknüpften Forderung nach einem Friedensvertrag, der die nationale Einheit herbeiführen solle, lag die Absicht zugrunde, die Deutschen für eine Wiederherstellung der Vier-Mächte-Ebene zu mobilisieren, denn der Abschluss des Friedensvertrags setzte Verhandlungen zwischen den Siegerstaaten voraus – also die Erneuerung der bis zur Moskauer Konferenz bestehenden Regimes in Deutschland, auf das die UdSSR ihren Anspruch auf ein Veto in den Westzonen gegründet hatte. Das war unausgesprochen der entscheidende Punkt, auf dem die Öffentlichkeit des besetzten Landes gegenüber den Westmächten bestehen sollte.

Die SMAD legte größten Wert darauf, dass die Veranstaltung als Initiative erschien, die von allen Deutschen unabhängig von ihrer politischen Einstellung ausgehe. Deshalb sollten sich alle Parteien beteiligen. In den westlichen Landesteilen war dazu nur die KPD bereit, die enge Bindungen zur SED hatte. Die Weigerung der anderen war ärgerlich für den Kreml, ließ sich aber mit dem Zwang erklären, den, wie es hieß, die Westmächte ausübten. Dieser Grund ließ sich in der SBZ nicht anführen. Deswegen erschien es absolut unerlässlich, dass sich dort auch die Christdemokraten und Liberalen aktiv beteiligten. Trotz schärfstem Druck widersetzte sich die CDU unter der Führung Kaisers und befürwortete sogar den Marshall-Plan. Nur mit Mühe konnte Tjulpanovs Behörde verschiedene Funktionäre der Partei zur Teilnahme am Volkskongress bewegen. Sie hatten kein Mandat, wurden aber zu Vertretern der CDU erklärt.

Der 1. Deutsche Volkskongress fand nach interner Anweisung der SMAD am 6./7. Dezember 1947 in Ost-Berlin statt. Diese „überparteiliche“ Veranstaltung lag ausschließlich in der Hand der SED. Von den 2.200 Delegierten kamen 460 aus den Westzonen, die eilig von der KPD ausgewählt worden waren, aber als Vertreter des gesamten politischen Spektrums firmierten und nach amtlicher Darstellung die ganze Bevölkerung repräsentierten. Der Volkskongress erließ einen Aufruf zur Überwindung der staatlichen Spaltung. Auf der Grundlage einer Petition, in der die Versammelten den Rat der vier Außenminister in London um

Abschluss eines Friedensvertrags und um Bildung einer „Regierung der nationalen Einheit" baten, wurde die Öffentlichkeit zum Kampf für die Durchsetzung dieser Ziele aufgefordert. Zudem setzte der Volkskongress, der als Vertretung ganz Deutschlands firmierte, ein permanentes Organ ein. Der Auftrag lautete, in allen Zonen eine alle politischen Kräfte umfassende Bewegung aufzubauen und ein Netz von Komitees zu schaffen. Damit schuf die SED-Führung in der SBZ eine bis hinab zu den Kreisen reichende „nationale" Organisation, in der sie die bürgerlichen Parteien unter zusätzlichen Anpassungsdruck setzte. Zugleich sah sie darin eine Möglichkeit, ihren Parteiapparat unter dem Etikett einer politisch neutralen nationalen Initiative nach Westen auszudehnen.

Die Forderungen nach Friedensvertrag und Regierungsbildung dienten propagandistischen Zwecken. Sie sollten die Bevölkerung von der Notwendigkeit einer Wiederherstellung der Vier-Mächte-Ebene als dem einzig möglichen Weg zur nationalen Einheit überzeugen. Nur so könne es zu Verhandlungen kommen, die zu diesem Ergebnis führen würden. Demnach waren die vom Konsens mit der UdSSR losgelöste Politik im Westen zu beenden und die sowjetische Mitbestimmung über die Westzonen zu erneuern. Die Deutschen sollten das verlangen und sich damit gegen die Westmächte und den vom Marshall-Plan eingeleiteten wirtschaftlichen Wiederaufbau in Westeuropa wenden, der sich ohne das westdeutsche Industriepotenzial nicht durchführen ließ. Dabei war von vornherein klar, dass es zu den verlangten Verhandlungen nicht kommen würde. Die Akteure in Moskau suchten vielmehr den bloßen Eindruck zu erwecken, dass sie die deutsche Einheit herstellen und das Land räumen wollten, waren aber – so wie schon auf der Pariser Konferenz im Sommer 1946 – der Ansicht, nur eine langfristige Besetzung werde die – zunächst im Osten eingeleitete – „Demokratisierung" Deutschlands gewährleisten. Aufgrund der zu erwartenden westlichen Ablehnung konnten sie ohne Risiko das Gegenteil fordern.

Völlige Entmachtung der bürgerlichen Parteien

Die Weigerung der Ost-CDU, beim Volkskongress mitzumachen, hatte die Besatzungsmacht auf eine ihr unerträglich erscheinende Weise herausgefordert. Die SMAD suchte Kaiser als Parteivorsitzenden zu entfernen. Tjulpanov konnte jedoch die zuständigen Gremien nicht dazu bewegen. Zuletzt sah er sich genötigt, die ins Auge gefasste Ersetzung durch Otto Nuschke selbst vorzunehmen. Da aber die Amtsträger und Mitglieder dieses Verfahren und den auf den Schild gehobenen Kandidaten allgemein ablehnten, vollzog er diesen Schritt zunächst nur insgeheim. Erst nachdem Kaiser in Anbetracht seiner bedrohten persönlichen Sicherheit seine Tätigkeit längere Zeit von West-Berlin aus ausgeübt und damit das Leitungslokal im Ostteil der Stadt geräumt hatte, wurde die Ernennung Nuschkes bekannt gegeben. Der neue Mann kam allen sowjetischen Forderungen nach und legte insbesondere die Beteiligung an der Volkskongress-Bewegung fest. Die CDU fügte sich freilich zunächst nur äußerlich in die „Einheitsfront der Demokraten“ ein. In den Reihen der Partei regte sich beharrlicher Widerstand, den Pieck im Gespräch mit Stalin am 26. März 1948 mit dem Einfluss zu erklären suchte, den Kaiser immer noch ausübe. Dieser wolle die CDU auf die Seite des Westens ziehen und erzeuge damit heftiges „Schwanken“.

Im Kampf gegen die Abweichler scheute die Besatzungsmacht kein Mittel. Schärfster Druck sowie härteste Verfolgungsmaßnahmen gegen widerspenstige Parteimitglieder sollten alle unerwünschten Regungen unterdrücken und bedingungslose Gefolgschaft in allen Fragen erzwingen. Erst im September waren sich Tjulpanov und seine Offiziere des Erfolgs so weit sicher, dass sie sich trauten, ohne Angst vor einem öffentlichen Skandal den Parteitag abhalten zu lassen, der endlich die noch fehlende Bestätigung Nuschkes vollzog. Mit einiger Mühe gelang es, die Veranstaltung ohne größere Vorkommnisse durchzuführen und die Wahl von gefügigen Leitungsgremien herbeizuführen. An der Basis jedoch ließ sich die Opposition noch lange nicht ausschalten. Sie machte sich stellenweise bis weit in die Fünfzigerjahre hinein bemerkbar.

Die LDP hatte beim Volkskongress von Anfang an mitgemacht, und ihr Chef Külz war auch sonst zu weitgehender Anpassung bereit, doch wurde sie deswegen nicht von Unterdrückung verschont. Ihre nicht auf den Sozialismus ausgerichtete Linie galt prinzipiell als „reaktionär" und durfte daher nicht länger geduldet werden. SMAD und SED verlangten, dass die Liberalen trotz der zunehmend vorgenommenen Enteignungen das wirtschaftliche Konzept der Kommunisten unterstützen, das angeblich weiter auf dem Bekenntnis zum Privateigentum beruhte. Einschüchterung und Repression richteten sich zunehmend auch gegen die LDP. Unter ihren Funktionären und Mitgliedern gab es wachsende Zweifel daran, ob die bisher gezeigte Nachgiebigkeit richtig sei. Kurz vor seinem Tod am 10. April 1948 begann Külz diesen Kurs zu revidieren. Als sein Stellvertreter Arthur Lieutenant nach Übernahme der Leitungsgeschäfte diese Linie fortsetzte, wurde er Mitte des Jahres zum Rücktritt gezwungen. Die Maßnahmen gegen die Partei verschärften sich. Im Herbst erreichten die Besatzungsbehörden, dass die Gremien sich völlig dem kommunistischen Einfluss unterwarfen und keine abweichenden Stellungnahmen mehr äußerten. Auf dem Eisenacher Parteitag im Februar 1949 wurden fast alle Führungspositionen nach den Vorstellungen der SMAD besetzt. Im verabschiedeten Parteiprogramm gab es noch demokratische Formulierungen, die einige Monate später nicht mehr verwendet werden durften. An der Basis jedoch regte sich unter den Mitgliedern noch jahrelang Widerstand.

Ab Herbst 1948 waren die Organisationen von CDU und LDP faktisch nur noch nur noch bürgerliche Fassaden des kommunistischen Regimes. Sie folgten bedingungslos der SED, die ihrerseits von der SMAD „angeleitet" wurde. Wie Pieck im Gespräch mit Stalin am 18. Dezember 1948 hervorhob, war dieser Erfolg im Kampf gegen die „rechten Elemente" nicht zuletzt auch den neuen Leitern, Otto Nuschke in der CDU und Hermann Kastner sowie Georg Dertinger in der LDP, zu verdanken. Die Tatsache, dass die bürgerlichen Parteien keine eigenständige Rolle mehr spielen konnten, mochte ihre Existenz überflüssig erscheinen lassen. Aus diesem Grund wurden sie damals überall in den anderen Ländern des sowjetischen Lagers (außer in Polen) liquidiert. In der SBZ aber hielt sie die Kremlführung wegen der Sonderlage in Deutschland für weiterhin notwendig. Sie sollten für das Bürgertum in den Westzonen, das als die dort maßgebende politische Kraft galt, den Eindruck einer „bürgerlich-demokratischen" Ordnung schaffen, der man sich ohne Preisgabe des eigenen Systems anschließen könne, wenn man sich beiderseits zum einheitlichen deutschen Nationalstaat vereinige. Den Kontakten, die CDU und LDP zu ihren Entsprechungen in den westlichen Landesteilen hatten, wurde große Bedeutung bei der Übermittlung dieser Botschaft beigemessen. Deshalb hielt Stalin – anders als in Ungarn, Rumänien, Bulgarien und der Tschechoslowakei – in der SBZ die Existenz von bürgerlichen Parteien für nach wie vor angebracht. Zur Unterstützung der politischen Arbeit in Westdeutschland, deren Leitung durch die am 2. Februar 1949 gegründete Westkommission der SED erfolgte, wurde im Frühjahr ein Allparteienbündnis namens „Nationale Front" aus der Taufe gehoben.

CDU und LDP waren zwar schon aller Macht entkleidet, doch sollte ihnen auch so weit wie möglich die Basis in der Bevölkerung entzogen werden, damit die Kommunisten stärker in den „Massen" verankert würden. Bei den Wahlen in der SBZ 1946 hatte die SED mit dem Versuch, die „kleinen Nazis" von den bürgerlichen Parteien auf sich umzuorientieren, nicht den erhofften Erfolg gehabt. Von diesem Bemühen wurde aber nicht Abstand genommen. Nicht zuletzt sollte dadurch auch ein positives Echo in den Westzonen erzeugt werden. Nach Ansicht der Besatzungsbehörden und der SED-Führung ließ sich das Ziel, in Ost wie West vor allem Jugendliche und „Patrioten" aus dem Dunstkreis des Nationalsozialismus in das antiwestliche Lager der UdSSR herüberzuziehen, am besten mit einem nicht-kommunistischen Etikett erreichen. Stalin stand der Idee aufgeschlossen gegenüber. Am 31. Januar 1947 stellte er gesprächsweise die Frage, ob nicht zuverlässige Kader eine „national-demokratische" Partei aufbauen könnten. Nachdem die Ausschaltung der „Faschisten" hinreichend vorangetrieben worden sei, könne man doch wohl ohne Risiko den „fortschrittlichen Kräften" unter den früheren Nazis eine eigene Interessenvertretung geben. Die Zeit, darüber zu sprechen, werde nach der Moskauer Tagung der vier Außenminister im Frühjahr kommen.

Erst als Stalin am 26. März 1948 eine weitere Unterredung mit der SED-Führung hatte, war wieder davon die Rede. Der Kremlchef bejahte die Frage Piecks, ob man nicht eine Partei der „nominellen Nazis" schaffen solle, und befürwortete den Aufbau einer „vierten Partei" als Sammelbecken für frühere NSDAP-Mitglieder und andere bürgerliche Kreise. Anschließend erhielt Tjulpanov den Auftrag, die „Zersetzung" von CDU und LDP durch zwei neue, von der SED direkt kontrollierte bürgerliche Parteien voranzutreiben, die ihnen die Anhänger streitig machen sollten. Für die ehemaligen NSDAP-Mitglieder und die Berufssoldaten wurde die National-Demokratische Partei Deutschlands (NDPD) vorgesehen. Die Demokratische Bauernpartei Deutschlands (DBD) sollte sich um die ländliche Bevölkerung bemühen. An die Spitze wurden jeweils kommunistische Funktionäre gestellt, die, meist erst zu diesem Zweck aus dem sowjetischen Exil geholt, bis dahin noch nicht öffentlich hervorgetreten waren.

Vorbereitende Schritte zur Staatsbildung in der SBZ

Die Unterdrückungsmaßnahmen in der SBZ gegen politische Abweichler riefen Aufsehen hervor. Dies trug maßgeblich dazu bei, dass in den Westzonen die Bemühungen des Volkskongresses um eine nationale Massenmobilisierung und den Aufbau von Komitees scheiterten. Daher erhielt der 2. Volkskongress eine andere Ausrichtung. In Anbetracht des Kalten Krieges sahen sich beide Seiten spätestens im Winter 1947/48 zu konkreten Überlegungen über Bildung getrennter Staaten in Deutschland veranlasst. Während die Beratungen in Moskau unter dem Siegel strenger Geheimhaltung erfolgten, wurde im Westen die Öffentlichkeit über das Vorhaben informiert. Auf einer Konferenz in London vom 23. Februar bis 6. März 1948 fassten die drei Westmächte zusammen mit den Benelux-Staaten den Beschluss, den Westzonen staatliche Gestalt zu geben. Dadurch konnte die sowjetische Führung, die um den Eindruck unbedingten Eintretens für die deutsche Einheit bemüht war, ihrem Vorgehen den Charakter einer aufgenötigten Reaktion geben.

Eine Vereinigung Deutschlands in sowjetischem Sinne war vorerst nicht zu erreichen. Stalin suchte jedoch Voraussetzungen für den künftigen Erfolg zu schaffen. Die Zentralisierung der Verwaltungsstrukturen sollte dazu beitragen, dass die SBZ künftig stark genug wurde, um die Basis für den einheitlichen Staat abzugeben. Als dessen „Embryo" dachte sich Stalin im März 1948 eine Volksvertretung, die dort gebildet werde und im Namen aller Deutschen auftrete. Diese solle, wenn sich der Westzonenstaat konstituiert habe, im Osten einen Staat mit gesamtdeutschem Anspruch proklamieren und ihm eine Regierung in Berlin geben. Zwar könne diese ihre Funktionen zunächst nur im Osten ausüben, aber für das ganze Land sprechen. Eine einheitliche Währungsreform in allen Zonen lehnte Stalin weiter ab. Um das Bekenntnis zur Einheit glaubhaft zu machen, wollte er die Ostmark erst nach der Westmark einführen, damit die Westmächte dann als Spalter dastünden.

Das Instrument, dessen sich die UdSSR dabei bediente, war der 2. Deutsche Volkskongress, der am 17./18. März in Ost-Berlin stattfand. Ein weiteres Mal wählte die SED-Führung die Teilnehmer nach politischen Gesichtspunkten aus, erklärte sie zu Vertretern aller politischen und sozialen Richtungen in den vier Zonen und präsentierte sie der Öffentlichkeit als gesamtdeutsches Ersatzparlament. Gemäß den Weisungen der SMAD legte sie den Ablauf und die Beschlüsse im Voraus genau fest. Wie es hieß, ging es um die Vollendung der bürgerlichen Revolution von 1848 und die Verwirklichung der damals verkündeten, aber unverwirklicht gebliebenen Freiheitsrechte. Als oberstes Ziel wurde die Durchsetzung von „Einheit und gerechten Frieden" proklamiert. Um dies trotz der Widerstände im Westen zu erreichen, sei man genötigt, zu „nationaler Selbsthilfe" zu greifen. Die Bevölkerung wurde dazu aufgerufen, diesen Bestrebungen bei einer „Befragung" ihre Zustimmung zu geben. Daraufhin fand in der SBZ ein derartiges

Referendum statt. In den Westzonen kam es nicht dazu, weil es von den dortigen Besatzungsmächten verboten wurde. Ersatzweise sammelten die Kader der KPD und ihrer Filialorganisationen Unterschriften, um den Nachweis zu erbringen, dass sich eine große Mehrheit hinter die östliche Politik stelle.

Entscheidende Bedeutung legte man im Kreml den Beschlüssen des Volkskongresses über das weitere Vorgehen bei. Zur Führung der laufenden Geschäfte wurde ein Deutscher Volksrat gebildet, dem 400 zuvor ausgesuchte Ostdeutsche angehörten, die ihrerseits 100 Personen aus den Westzonen ergänzten. Auf der Basis von Instruktionen der SMAD setzte dieses Gremium Ausschüsse ein für Verfassung, Friedensvertrag, Wirtschaft, Justiz, Kultur, Landwirtschaft und Sozialpolitik. Jeder Ausschuss erhielt den Auftrag, Dokumente zu formulieren, die dem künftigen deutschen Staat zugrunde gelegt werden würden. Worum es dabei gehen sollte, erläuterte Stalin am 26. März 1948 auf Nachfrage der SED-Führer. Der Volksrat solle Beratungen durchführen und trotz fehlender Macht zur Keimzelle für das Parlament und die Regierung ganz Deutschlands werden. Er habe dessen Verfassung auszuarbeiten und als Konsultationsorgan beider Landesteile zu fungieren. Die Ausschüsse, die er bilde, sollten grundlegende staatliche Dokumente verabschieden und „in das Volk tragen". Das werde ein langwieriger Prozess werden, der einige Jahre beanspruchen könnte. Der Zweck sei, das Denken der Menschen auf die Idee der Einheit vorzubereiten. Wenn das geschehen sei, werde niemand die staatliche Vereinigung aufhalten können. Dann müssten die Amerikaner „kapitulieren". Stalin bejahte die Frage, ob damit die „Möglichkeit zu konkreter Agitation" entstehe, und betonte, die USA könnten nichts dagegen machen. Auf diese Weise werde die SED die gesamte Bevölkerung mit dem [Volks-]Kongress vereinen. Die Einheit werde freilich nicht sofort kommen; vielmehr müsse dafür „mit Agitation und Propaganda gestritten werden".

Im Erstentwurf der Verfassung, den der betreffende Ausschuss im Oktober 1948 unterbreitete, war von einem gesamtdeutschen Staat die Rede, der sich die Weimarer Republik mit ihrer demokratischen Verfassung zum Vorbild genommen habe. Wenn man den Text einer genauen Analyse unterzog, erwies er sich aber als geeignet, eine kommunistische Parteidiktatur zu rechtfertigen. In genereller Form war von demokratischen Freiheitsrechten die Rede, doch die Strukturen der Entscheidungsbildung zielten auf unbeschränkten Durchgriff von oben nach unten ab. Der Leitgedanke des „einheitlichen Volkswillens“ lief auf eine Volksherrschaft hinaus, die durch Ausschaltung jeder Gewaltenteilung hergestellt wurde. Darauf konnte sich die kommunistische Partei berufen, wenn sie als angebliches Organ des arbeitenden Volkes dessen Herrschaft zu verwirklichen behauptete. Unklar formulierte Straftatbestände gaben den Machthabern die Möglichkeit zu politischer Instrumentalisierung.

In allen Ausarbeitungsphasen wirkte die sowjetische Seite nachweislich bestimmend auf die Formulierungsarbeit ein. Das blieb den Mitgliedern des Ausschusses verborgen, soweit sie nicht zum allerengsten Kreis der SED-Kader gehörten. Von den Instruktionen aus Moskau wussten sie nichts, und wegen fehlender juristischer Vorbildung blieb ihnen der wahre Charakter der ihnen vorgeschlagenen oder in den Mund gelegten Formulierungen verborgen, so dass sie glaubten, das Resultat gehe auf ihre eigene Entscheidung zurück. Am 19. März 1949 billigte der Volksrat die so zustande gekommene Verfassung der künftigen „freien demokratischen Deutsche Republik“.

Zuspitzung der Konfrontation mit den Westmächten

Anfang Januar 1948 drohte die SMAD in einer öffentlichen Stellungnahme erstmals, wenn die Westmächte ihre „Spalterpolitik“ weiter fortsetzten, könne das nicht ohne Auswirkung auf den Status von Berlin bleiben. Als Ansatzpunkt für die Beendigung der westlichen Anwesenheit betrachtete man im Kreml die Währungsfrage. Wenn in den Besatzungsgebieten beider Seiten unterschiedliche Zahlungsmittel eingeführt würden, ergebe sich als natürliche Konsequenz eine „Annullierung der Berliner Zone“ mit nachfolgender „Eingliederung in die SBZ“. Für die Westsektoren schien es wegen der Insellage der Stadt inmitten der SBZ und der weiten Entfernung von Westdeutschland von vornherein keine andere Möglichkeit zu geben. Der Einbeziehung in das östliche Währungs-, folglich auch Wirtschafts- und Finanzsystem würde notwendig die Zugehörigkeit zum ostdeutschen Staat folgen.

Nach der Londoner Vereinbarung vom 6. März 1948 über die Konstituierung des Weststaates in Deutschland fasste Stalin den – schon seit Monaten erörterten – Beschluss, der westlichen Anwesenheit in Berlin durch eine Blockade die Grundlage zu entziehen. Demnach war der Verkehr auf den Zugangswegen ab 1. April zunehmend bis zur völligen Sperrung im Herbst, dem erwarteten Termin der Währungsreform im Westen, einzuschränken. Auf diese Weise sollte nicht nur die westlichen Garnisonen „ausgeräuchert" werden, wie ein leitender SMAD-Funktionär formulierte. Vor allem sollten die West-Berliner sehen, dass die Besatzungsmächte ihre Versorgung nicht mehr gewährleisten konnten. Dann würden sie auf Lebensmittel aus der SBZ angewiesen und genötigt sein, das östliche Regime zu akzeptieren. Das Außenministerium in Moskau wurde mit der Ausarbeitung des Plans beauftragt.

Dem Blockade-Beschluss Stalins folgte am 20. März 1948 der sowjetische Auszug aus dem Alliierten Kontrollrat. Der Oberste Chef der SMAD begründete den Schritt mit der Anschuldigung, die Westmächte hätten mit den rechtswidrigen Beschlüssen über die Westzonen den gemeinsamen Kontrollmechanismus in Deutschland zerstört und damit ein Scheitern der Vier-Mächte-Verwaltung herbeigeführt. Indirekt brachte er damit den – später näher ausgeführten – Standpunkt zum Ausdruck, das westliche Abrücken vom Einvernehmen mit der UdSSR entbinde diese von allen Verpflichtungen. Mit der Blockade stellte die Sowjetunion die westlichen Staaten, vor allem die amerikanische Führungsmacht, vor die Wahl, entweder durch Verzicht auf den Weststaat sich Duldung zu erkaufen oder die Position in Berlin aufzugeben. Das eine wie das andere sollte den Deutschen im ganzen Land zeigen, dass sie im Ernstfall nicht mit westlichem Rückhalt und Schutz rechnen konnten, und daher besser daran taten, sich der Sowjetunion als der stärkeren Seite zuzuwenden.

Als im Laufe des Frühjahrs die Behinderungen auf den Zugangswegen zunahmen, machten die USA deutlich, dass sie ihre Rechte in der Stadt unter allen Umständen verteidigen würden. Sie warnten die UdSSR davor, die Behinderungen auf die Luftkorridore auszudehnen, und wiesen darauf hin, dass deren Benutzung im Kontrollratsabkommen vom 30. November 1945 festgelegt worden war. Auf der Einhaltung dieser vertraglichen Verpflichtung würden sie unbedingt bestehen. Da Stalin kein Kriegsrisiko einzugehen bereit war, ließ er die gegen den Flugverkehr gerichteten Pläne stillschweigend fallen. Er war davon überzeugt, dies werde die Räumung der Westsektoren nur hinauszögern. Nach allgemeiner Einschätzung ließen sich die gelagerten Vorräte durch Lufttransporte zwar so weit aufstocken, dass die Westmächte Zeit gewannen, doch schien es völlig unmöglich, auf diese Weise mehr als zwei Millionen West-Berliner dauerhaft zu versorgen. Die UdSSR hielt an der Absicht fest, sich der westlichen Sektoren zu bemächtigen, und unterstrich am 16. Juni durch den Rückzug ihres Vertreters aus der vierseitigen Stadtkommandantur nochmals, dass sie keine Verpflichtung gegenüber ihren Besatzungspartnern anerkannte. Nur die Zusammenarbeit in der Luftsicherheitszentrale wurde fortgesetzt, weil Stalin nach der Warnung aus Washington eine Störung des Flugverkehrs vermeiden wollte.

Aufbau von Verwaltungs- und Machtapparaten in der SBZ

Währenddessen suchte die sowjetische Führung das in der SBZ etablierte Regime weiter zu festigen und zur mächtigen Bastion gegen den Westen auszubauen. Das zentrale Erfordernis war aus ihrer Sicht, dass die SED zum zuverlässigen „Transmissionsriemen" ihres Willens wurde. Deshalb galt es, die im Herbst 1947 zwar proklamierte, aber noch kaum durchgesetzte Umwandlung in eine „Partei neuen Typus" voranzutreiben. Ein wichtiger Schritt dazu war die Einführung des stalinistischen Unterwerfungsrituals von Kritik und Selbstkritik im April 1948. Den Anstoß zur weiteren Umgestaltung gab Tjulpanov am 8. Mai in einem internen Referat darüber, welche Organisationsstrukturen dem Vorbild der KPdSU entsprächen. Der Hauptpunkt war der „demokratische Zentralismus", der es allen Parteimitglieder zur Pflicht machte, vorbehaltlos für jeden Beschluss ihrer Führung „aktiv" einzutreten. „[N]ur auf dem Wege des Klassenkampfes", der sich nach Stalins These in der Periode des Übergangs zum Sozialismus fortgesetzt gesetzmäßig verschärfte, seien die „unmittelbaren Ziele und die Endziele" in Deutschland zu erreichen". Das erfordere eine „drastische Hebung des Niveaus der organisatorischen und ideologischen Arbeit der Partei", denn die SED stehe „an der Grenze zweier Welten, dort, wo die Welt des Kapitalismus auf die Welt des Sozialismus trifft". In Anbetracht der sich stellenden „großen verantwortlichen Aufgaben" müsse sie zu „Kampfgeist" erziehen und „die Furcht vor entscheidenden Maßnahmen" überwinden, um den Konflikt mit den „ausgesprochenen Feinden der neuen Demokratie" zu bestehen.

Dem lag die Vorstellung zugrunde, wenn das sozialistische System voll durchgesetzt werden solle, sei eine zentralistische Lenkung von Staat, Wirtschaft und Gesellschaft durch die Partei wie in der UdSSR nötig. Die Orientierung am sowjetischen Beispiel zog den Widerruf des bis dahin proklamierten „nationalen Weges zum Sozialismus" nach sich. Anton Ackermann, der diese These Anfang 1946 in sowjetischem Auftrag als ideologische Basis für den Anschluss der SPD an die KPD formuliert hatte, übte scharfe Selbstkritik. Der Parteivorstand der SED verurteilte sie als „falsche, faule und gefährliche Theorie" und setzte damit den Endpunkt für eine Reihe von Beschlüssen, mit denen er der von Tjulpanov im Mai vorgegebenen Linie folgte: Die Betriebsgruppe erhielt den Charakter der grundlegenden Basisorganisation; eine strikt hierarchische Struktur wurde eingeführt; alle Kader hatten sich strikt funktionsgemäß zu verhalten, und die neu geschaffene Zentrale Parteikontrollkommission sorgte für eiserne Disziplin seitens der Mitglieder durch Erteilung von Rügen, Funktionsenthebungen und Ausschlüsse, an die sich administrativ verfügte Strafen anschließen konnten. Jedes „Abweichlertum" wurde zum politischen Verbrechen. Die Herstellung totaler „Einheit und Geschlossenheit" erschien unerlässlich, um dem – extrem verschärften – Postulat der „führenden Rolle der Partei" Geltung zu verschaffen.

Die SMAD leitete auch auf staatlicher Ebene grundlegende Veränderungen ein. Als für alle Tätigkeitsbereiche maßgebliche Zentralbehörde wurde die Deutsche Wirtschaftskommission gebildet. Die Landespolizeien erhielten eine einheitliche Organisation und Führung. Zur strikten Kontrolle des Personen- und Güterverkehrs mit den Westzonen wurde eine kasernierte Grenzpolizei im Umfang von über 11.000 Mann aufgebaut. Zudem schien der sowjetischen Seite im Blick auf künftige innerdeutsche Konflikte ein militärisches Instrument erforderlich. Als Stalin dies am 26. März 1948 gegenüber den beiden SED-Vorsitzenden erwähnte, sprach er zwar von einer besser zu bewaffnenden Polizei, doch war ausdrücklich von Ausbildern mit Kriegserfahrung und von Waffen aus Wehrmachtbeständen die Rede. Nach internem Bekunden hießen die Einheiten nur deswegen „Polizeibereitschaften" statt Militäreinheiten, weil „Schwierigkeiten mit dem [Alliierten] Kontrollrat" vermieden werden sollten.

Aufgrund der im Vorjahr angelaufenen Planung stand der konzeptionelle Rahmen schon fest. Am 2. Juli 1948 befahl Stalin die Einstellung der ersten 10.000 Mann, die eine „reguläre militärische Ausbildung" erhalten und mit erbeuteten deutschen „automatischen und anderen Waffen" ausgerüstet werden sollten. Vorgesehen wurde die Einstellung von 5.000 Soldaten und Unteroffizieren sowie 100 Offizieren und fünf Generälen aus der früheren Wehrmacht, welche die Truppe zu organisieren und auszubilden hatten. Der große Umfang des Führungs- und Schulungspersonals bei relativ wenigen Rekruten lässt die Absicht erkennen, Kader für künftig größere Formationen auf ihre späteren Aufgaben intensiv vorzubereiten.

Ende des Jahres zählten die kasernierten Bereitschaften 9.870 Mann. Militärberater der UdSSR nahmen nicht nur Überwachungsaufgaben wahr, sondern erteilten zu Anfang auch Unterricht in Kriegstaktik. Die Übungen betrafen vor allem das Vorgehen, das im Kleinkrieg gegen bewaffnete westdeutsche Kräfte nötig sein würde: kleine Operationen im offenen Gelände und in besiedelten Gebieten. Auf den Straßenkampf sowie die Erstürmung und Verteidigung von Gebäuden unter Einsatz auch von Artilleriegeschützen, Panzern und automatischen Waffen wurde besonderer Wert gelegt. Als Begründung für den Aufbau der Streitkräfte, der sich mit dem offiziellen Bekenntnis zur Entmilitarisierung nicht vereinbaren ließ, wurde intern angeführt: Wegen des verschärften Klassenkampfes in Deutschland seien Vorbereitungen für die Auseinandersetzung mit dem westlichen Feind in jeder Form erforderlich. Gegenüber ausgewählten Parteikadern hieß es zudem, es gehe um den Sieg, ohne den es „kein einheitliches Deutschland geben" könne.

Sowjetische Blockade gegen West-Berlin

Am 18. Juni 1948 gaben die westlichen Militärregierungen bekannt, dass die Währungsreform in ihren Zonen zwei Tage später durchgeführt würde. Die Führung in Moskau war höchst überrascht, hatte sie doch diese Maßnahme erst im Herbst erwartet. Ihre Planung wurde über den Haufen geworfen. Die für die SBZ vorgesehenen Geldscheine waren noch nicht gedruckt. Der Oberste Chef der SMAD sah sich genötigt, die Ausgabe neuer Zahlungsmittel eilig zu improvisieren, um ein fortgesetztes Hereinströmen wertlos gewordener Reichsmark aus dem Westen zu verhindern. Am 23. Juni trat die hastig einberufene Konferenz der östlichen Außenminister in Warschau zusammen, die eigentlich als Auftakt zur Kampagne gedacht war, welche die Blockade zuvor hatte vorbereiten sollen, jetzt aber erst gleichzeitig stattfand. Am 3. Juli erklärte der Oberste Chef der SMAD, die Unterbrechung des Verkehrs auf den Zugangsstrecken nach West-Berlin werde so lange aufrechterhalten werden, bis die Westmächte auf die Bildung des westdeutschen Staates verzichtet hätten. Daraufhin verboten die Amerikaner ihrerseits östliche Transporte über West-Berliner Gebiet und beendeten die Handelsbeziehungen der Westzonen mit der SBZ. Das war nicht ohne Wirkung, konnte aber natürlich Stalins Entschluss zur Blockade nicht erschüttern.

Die Westmächte sahen sich bei ihrer Währungsreform durch die Existenz West-Berlins vor ein Problem gestellt. Wie ließ sich diese isolierte, ringsum von der SBZ umschlossene Exklave eingliedern? Der Zweifel daran hatte sie bei den Vorbereitungen zunächst den Schluss ziehen lassen, dass dort die östlichen Zahlungsmittel in Umlauf gesetzt werden müssten. Erst das Argument des Berliner Bürgermeisters Ernst Reuter, dies würde auf den wirtschaftlichen Anschluss an das sowjetisch beherrschte Gebiet mit folgender politischer Unterwerfung hinauslaufen, ließ sie davon Abstand nehmen. Sie behielten sich aber vor, die Einführung der Westwährung eventuell wieder rückgängig zu machen. Sie versahen die in ihren Sektoren ausgegebenen Geldscheine mit einem aufgestempelten großen B, um sie gesondert erfassen zu können. Zugleich ließen sie daneben auch die Ostmark zu. Die endgültige Regelung blieb damit offen. Erst im März 1949 wurde die Westmark zum ausschließlichen Zahlungsmittel.

Im Kreml war man sich des Sieges in Berlin sicher. Diese Überzeugung schien bestätigt, als die westlichen Regierungen Ende Juli um Verhandlungen nachsuchten, weil sie hofften, durch teilweises Nachgeben, etwa hinsichtlich der Währung in Berlin, ein Abkommen über den weiteren Verbleib in der Stadt zu erreichen. Das sagte Stalin den drei Botschaftern in vager Form zu und erklärte sich zum sofortigen Abschluss eines Abkommens bereit, wenn man die Bildung des westdeutschen Staates aufschiebe und die Ostwährung in den Westsektoren einführe. Er wich aber aus, als er auf die Klärung konkreter Punkte angesprochen wurde. Ende August einigte man sich nach längeren Hin und Her darauf, dass die praktischen Modalitäten von den Chefs der Besatzungsverwaltungen in Deutschland besprochen werden sollten. Als General Clay, der amerikanische Militärgouverneur, präzise Auskünfte verlangte, stellte sich heraus, dass die UdSSR nicht nur die Westsektoren voll in die SBZ eingliedern wollte und einen Aufschub der Weststaatsbildung forderte, sondern auch auf der Kontrolle des Flugverkehrs bestand. Am 7. September scheiterten die Verhandlungen endgültig. Fortan hing der Verlauf des Konflikts vom Durchhaltewillen der Bevölkerung und den Lufttransportkapazitäten der Westmächte ab.

Die West-Berliner waren bereit, alle Entbehrungen und Ungewissheiten auf sich nehmen. Als ihnen die SMAD die Versorgung mit Lebensmitteln und Brennmaterial anbot, gingen kaum mehr als 2 Prozent darauf ein. Auf Clays Betreiben hin schickte der amerikanische Präsident Truman die Flugzeuge seines Landes aus allen Teilen der Welt nach Deutschland zum Einsatz für die „Luftbrücke“ zu den Westsektoren. Großbritannien und Frankreich schlossen sich mit ihren weit geringeren Fähigkeiten an. Die sich ausweitende Hilfsaktion nahm nie gesehene Ausmaße an. Im ausgehendenden Herbst erschien es nicht mehr ausgeschlossen, die Versorgung der Bevölkerung sogar während der Wintermonate zu gewährleisten. Als sich der auf östlicher Seite nahe geglaubte Sieg verzögerte, sollte dieser auf andere Weise durchgesetzt werden. Ein Sturm „empörter Volksmassen“ auf das Rathaus im Ostsektor war dazu bestimmt, die demokratischen Kräfte auszuschalten, die dort aufgrund der Wahlen von 1946 das Heft in der Hand hatten. Am 6. September drang ein von den Kommunisten mobilisierter Trupp in das Gebäude ein und erklärten den Magistrat für abgesetzt. Die Stadtverordneten der SPD, CDU und LDP wichen in die Westsektoren aus, formierten sich dort und bildeten mit Reuter an der Spitze ein provisorisches Stadtregiment, das sich aber nur auf den Westen erstreckte. Am 30. November wurde im Ostsektor ein neuer Magistrat eingesetzt. Im Westteil der Stadt fanden am 5. Dezember Wahlen statt, aus denen Reuters SPD mit 64,5 Prozent der Stimmen als Sieger hervorging. Die administrative Spaltung war vollzogen.

Die östliche Seite war trotz der Rückschläge weiter von ihrem Sieg überzeugt. Am 6. November führte Molotov öffentlich aus, die Westmächte hielten zwar hartnäckig am Weststaat fest, seien aber außerstande, ihre Position in Berlin dauerhaft zu behaupten. Am 18. Dezember erklärte Pieck im Gespräch mit Stalin, die Stadtregierung der Westsektoren finde wenig Rückhalt und hänge zudem völlig von der Luftbrücke ab. Nur die SBZ habe die Macht zur Versorgung der Bevölkerung.

Ausbau der Positionen in der SBZ

Nachdem die SMAD im Sommer und Frühherbst entscheidende Maßnahmen zur Umorganisation der SED eingeleitet hatte, suchte sie vor allem die gesellschaftlichen Massenorganisationen uneingeschränkt zu Filialen der Kommunisten zu machen. Zentrale Bedeutung kam dabei den Gewerkschaften zu. Auf der Bitterfelder Konferenz vom 25. bis 18. November 1948 legte der Freie Deutsche Gewerkschaftsbund (FDGB), der auf die SBZ beschränkt geblieben war, in aller Form ein Bekenntnis zur Bindung an die SED ab. Die anderen Vereinigungen, insbesondere die Freie Deutsche Jugend (FDJ), folgten dem Beispiel. Nachdem alle Bereiche der Gesellschaft schon von Anfang an durch kommunistische Kader einheitlich organisiert worden waren, wurden diese jetzt in einem weiteren Schritt der Partei direkt unterworfen.

Im Zusammenwirken mit der SMAD legte die SED-Führung im Dezember 1948 Stalin einen Zwischenbericht vor. Der „alte Staatsapparat" sei zerschlagen, doch die „kapitalistischen Kräfte" hätten auch nach Enteignung der „Großgrundbesitzer" und „Monopolkapitalisten" immer „noch große Teile der Industrie, des Handels und der Landwirtschaft in ihren Händen". Die gesellschaftlichen Massenorganisationen spielten „als Stütze der demokratischen Staatsorganisation eine bedeutende Rolle", und die SED leite „im Block mit den anderen Parteien den Staat", doch seien „die reaktionären Elemente in den bürgerlichen Parteien" nach wie vor „nicht geschlagen". Vor diesem Hintergrund wurden weitere Maßnahmen zur Einschränkung des Einflusses der „kapitalistischen Kräfte" für notwendig erachtet. Sie sollten sich darauf ausrichten, so wie auch sonst im sowjetischen Lager den „Übergang zur Volksdemokratie" zu vollziehen. Daher seien die „führende Rolle der SED" und der Einsatz der Staatsgewalt beim „gesellschaftlichen Fortschritt" zu verstärken. Besondere Wichtigkeit wurde dabei dem Kampf gegen die „kapitalistischen Elemente in der LDP und in der CDU", der Festigung der Staatssicherheit durch bessere Organe und der weiteren Umgestaltung der SED nach sowjetischem Vorbild beigemessen. Stalin war mit dem Vorgehen einverstanden, hielt aber

„Mimikry" für angebracht. Die deutschen Kommunisten sollten den Kampf nicht so offen führen wie die Teutonen, die deswegen von den Römern besiegt worden seien. Sie sollten das Ziel verschleiern, um dem Feind keine Angriffsfläche zu bieten. Folglich war die bürgerliche Fassade in der SBZ weiter aufrechtzuerhalten und „noch keine Volksdemokratie" zu proklamieren.

Auf der I. Parteikonferenz der SED vom 25. bis 28. Januar 1949 forderten Ulbricht und Grotewohl die Ausschaltung aller Mitglieder, die sich nicht an die politische Entwicklung anpassen wollten und auf einem westlich-demokratischen Gesamtdeutschland beharrten. Die Struktur der zentralen Parteiführung wurde total verändert. Fortan fungierte als oberste Spitze ein Politbüro mit dem Auftrag, „alle wichtigen Aufgaben der Parteiführung und Parteipolitik, besonders Fragen der marxistisch-leninistischen Erziehung der Parteimitglieder, zu beraten und zu entscheiden". Die bisherigen Leitungsgremien (Zentralsekretariat und Vorstand) wurden ihrer Macht entkleidet und später ganz abgeschafft. Dem Politbüro gehörten mehrheitlich Altkommunisten an; die den Sozialdemokraten bei der Vereinigung zugestandene Parität der Spitzenposten wurde aufgehoben. Unter Ulbrichts Vorsitz wurde ein „Kleines Sekretariat" gebildet, in dem die Mitglieder der früheren KPD wiederum stärker vertreten waren. Ihm wurde die Aufgabe zugewiesen, dem Politbüro bei seiner Arbeit behilflich zu sein, seine Beschlüsse vorzubereiten und ihre Durchführung zu kontrollieren. Zudem regelte es die Verbindung der Abteilungsleiter zum Politbüro und hatte damit den ihnen unterstellten Parteiapparat in der Hand. Mit der Einrichtung entsprechender Sekretariate in den Ländern zur Anleitung ihrer Regierungen wurde im Blick auf die spätere DDR ein Strukturmodell für die Kontrolle der leitenden Staatsbehörden durch die SED geschaffen.

Ab Anfang 1949 begann die Welle der Parteisäuberungen in den Gefolgschaftsstaaten der UdSSR auch die SBZ zu erfassen. Kader, die – meist ohne jeden Grund – der Beteiligung an den „verräterischen Machenschaften der Titoclique" beschuldigt wurden, wurden aus ihren Ämtern entfernt und mit Strafen belegt. Das Vorgehen gegen die deutschen Genossen unterschied sich insofern von der anderswo geübten Praxis, als man wegen der besonderen Lage in dem geteilten Land auf Maßnahmen gegen hochrangige und prominente Funktionäre verzichtete und es nicht zu Schauprozessen und Todesurteilen kommen ließ. Die Säuberungen wurden nicht nur in der SED, sondern auch in der westdeutschen KPD durchgeführt. Kader aus deren Leitungsgremien wurden nach Ost-Berlin bestellt, dort von SMAD-Offizieren verhört und anschließend ins Gefängnis geworfen.

Im Frühjahr 1949 leitete die sowjetische Besatzungsmacht den zahlenmäßigen Ausbau der militärischen Bereitschaften ein und begann mit der Einführung detaillierterer Regelungen. Am 26. April befahl sie die Einrichtung von Schulen zur Ausbildung künftiger Führungskader. Alle Maßnahmen und Pläne waren zur Genehmigung vorzulegen. Am 18. Juni wies der Ministerrat der UdSSR unter Stalins Vorsitz die SMAD an, die Zahl der eingeplanten deutschen Unteroffiziere und Offiziere auf 35.000 bzw. 11.000 zu erhöhen sowie Anfang September 150 ausgewählte SED-Kader in die UdSSR zu schicken, wo sie ein Jahr lang auf ihre Rolle als künftige Stabsoffiziere und Generäle vorzubereiten seien. Am 8. August dekretierte der Oberste Chef der SMAD die Umgliederung der Bereitschaften in 35 „Abteilungen" verschiedener Waffengattung (Infanterie, Artillerie und Panzertruppen) und legte dafür jeweils Standorte fest. Am gleichen Tag ordnete er eine Vermehrung der militärischen Schulen von 4 auf 11 an, darunter jeweils eine spezielle Stätte zur Ausbildung des Funk-, Fernsprech- und Pionierpersonals. Jeder Schule wurden 1.000 „Kursanten" zugewiesen. Der Beginn aller Lehrgänge, die zehn Monate dauerten, war der 15. September. Die organisatorische Durchführung aller Maßnahmen wurde der DVdI übertragen. Die Rekruten sollten aus 11.000 Neueingestellten und 10.000 bisherigen Polizisten bestehen. Im Herbst 1949 gehörten die militärischen Einheiten und Schulen insgesamt 43.100 Mann an.

Mit einem weiteren Befehl vom 11. August regelte der Oberste Chef der SMAD die Tätigkeit der sowjetischen Militärberater und legte ihre Organisationsstruktur fest. An die Spitze wurde ein Chefberater im Rang eines Generalmajors gestellt, der seinen Sitz bei der zuständigen deutschen Behörde, der Hauptverwaltung für Ausbildung (HVA), hatte. Jede Militärschule erhielt als Berater einen Oberst oder Oberstleutnant; für die 35 „Abteilungen“ wurde jeweils ein Oberstleutnant oder Major vorgesehen. Alle Berater hatten sowohl Aufsichts- als auch Instruktionsaufgaben wahrzunehmen und übten ihre Tätigkeit im Rahmen einer strikten Hierarchie aus. Jeder Berater hatte der vorgesetzten Behörde regelmäßig schriftliche Berichte über seine Arbeit und den Zustand der ihm zugewiesen Einheit abzuliefern. Außerdem hatten sie alle zwei Wochen mündlich Rede und Antwort zu stehen. Der Befehl wies den Beratern das Recht und die Pflicht zu, ausnahmslos alle Vorfälle und Dienstvergehen des deutschen Personals dem Chefberater zu melden. Die sowjetische Überwachung wurde durch „Politkultur“-Kader der SED in allen Einheiten ergänzt. So wie während des russischen Bürgerkriegs, als die Rote Armee auf die militärischen Fähigkeiten von Offizieren des früheren Zarenreichs angewiesen war, wurde nicht dem militärischen, sondern dem politischen Führungspersonal die Befehlsgewalt übertragen.

Seit dem „roten Terror“ im russischen Bürgerkrieg von 1918 bis 1921 sahen die Kommunisten in der Geheimpolizei ein entscheidendes Instrument beim Kampf um die Macht. Die SED-Führung macht das auch für die SBZ geltend. Das Ministerium für Staatssicherheit (MGB) in Moskau bezweifelte jedoch, dass man sich auf die K 5, die als Basis für einen entsprechenden Aufbau in Betracht kamen, bei der Bekämpfung der politischen Gegner verlassen könne. Diesen Einwand suchte die ostdeutsche Parteispitze mit dem Vorschlag zu entkräften, dass man nicht unbedingt die K 5 nehmen müsse. Man könnte die ganze Kriminalpolizei einer sorgfältigen Säuberung und Schulung unterziehen und eine geheimpolizeiliche „Hauptabteilung zum Schutze der Wirtschaft und der demokratischen Ordnung“ schaffen, die dem Präsidenten der DVdI unmittelbar zugeordnet sei und einer direkten Kontrolle der sowjetischen Organe unterliege. Als Aufgaben wurden vor allem die Abwehr von Sabotageakten sowie der Kampf gegen „illegale Organisationen“ und „antidemokratische Tätigkeit“ genannt. Am 18. Dezember 1948 billigte Stalin dem künftigen ostdeutschen Staat einen derartigen Sicherheitsapparat zu. Zehn Tage später beschloss das sowjetische Politbüro die Entsendung von 115 zusätzlichen Geheimpolizisten in die SBZ zur „Leitung und Kontrolle der deutschen Sicherheitsorgane".

Ende der Berliner Blockade

Anders als in Moskau und Ost-Berlin erwartet, gelang es den Westmächten, mit der Luftbrücke die Versorgung der Westsektoren auch in den kritischen Wintermonaten zu sichern. Stalin erkannte im Frühjahr, dass die Blockade ihr Ziel verfehlte und dass er überdies einen hohen politischen Preis zahlte: Die drei westlichen Besatzungsmächte und die Westdeutschen vereinten ihr Bemühen zu gemeinsamer Abwehr, und neutrale Länder wandten sich im Gefühl ihrer Bedrohung den Westmächten zu. Viele von ihnen suchten Schutz im Bündnis mit den USA. Am 4. April 1949 besiegelten zwölf Staaten in Washington den Nordatlantikpakt. Die bei Jahresbeginn eingeleitete sowjetische Kampagne „für den Frieden und für den Kampf gegen die Kriegshetzer" hatte keine Wirkung gezeitigt, obwohl die Gefahr der amerikanischen Atombombe in leuchtenden Farben ausgemalt worden war. Zwar wurde die Friedenspropaganda fortgesetzt, sollte aber durch Aufhebung der Blockade glaubwürdiger erscheinen. Wie ein SMAD-Funktionär am 31. Mai seinen deutschen Zuhörern erläuterte, musste man in einer Zeit geringer revolutionärer Aktivität den gegnerischen Druck durch begrenzte Kompromisse abschwächen, um so die Kraft für die Zukunft aufzusparen. Gegenwärtig sei ein taktischer Rückzug notwendig. Die Kommunisten müssten Geduld üben.

Stalin suchte das Nachgeben zu verschleiern. Um das Gesicht gegenüber der Öffentlichkeit zu wahren, wollte er den Eindruck erwecken, als habe die Blockade ihr Ziel erreicht. Deshalb machte er die Öffnung der Zugangswege von der Bereitschaft der Westmächte abhängig, eine Tagung des Außenministerrates zu akzep-

Bundesarchiv, Bild 183-R80329

„‚Freundschaft mit Stalin ist die Gewähr des Sieges, des Friedens und der Zukunft' heißt es in dem Aufruf der Regierung der Deutschen Demokratischen Republik zum 70. Geburtstag von Generalissimus Stalin am 21.12.49." Original Bildunterschrift der Nachrichtenagentur der DDR (ADN).

tieren. Angeblich war es nur um die Anbahnung von Verhandlungen über eine Friedensregelung gegangen. Dadurch, dass die westliche Seite dem jetzt zustimmte, hatte sie demnach die bei Sperrung des Berlin-Verkehrs gestellte Bedingung erfüllt. Von der damaligen Forderung nach Eingliederung der Westsektoren in den östlichen Machtbereich und Verzicht auf den deutschen Weststaat war keine Rede mehr. Stalin war aber nicht am Erfolg der geforderten Verhandlungen interessiert. In diesem Fall hätte er die Existenz des SED-Regimes in der SBZ und den Plan zur Gründung des Oststaates aufgeben müssen. Das wollte er auf keinen Fall, wie sich bei den Beratungen in Paris ab 23. Mai zeigte. Der sowjetische Außenminister verlangte zwar die Wiederherstellung des Kontrollrats und die Errichtung einer „deutschen Zentralbehörde" zur Ausführung der alliierten Beschlüsse und zum wirtschaftlichen und politischen Zusammenschluss des Landes, verband dies aber mit einer vorhersehbar inakzeptablen Bedingung. Zur Aushandlung der Einheit müsse ein „gesamtdeutscher Staatsrat auf der Grundlage der jetzt in der Ostzone und in den Westzonen bestehenden Wirtschaftsorgane“ geschaffen werden. Das hieß: Die Westmächte würden von jeder Mitsprache über die Gestaltung der politisch-gesellschaftlichen Verhältnisse ausgeschlossen sein, während die SED in jeder Einzelfrage darüber zu befinden hätte, was für sie annehmbar wäre. Auf dieser Basis waren endlose Verhandlungen ohne Ergebnis zu erwarten. Dadurch würde lediglich der Weststaat verhindert und der UdSSR die Aussicht auf Erneuerung des Vier-Mächte-Regimes und ihres Vetos bezüglich der Westzonen geboten werden. .

Das kam, wie Stalin wusste, für die westliche Seite von vornherein nicht in Betracht, zumal sich damit auch noch das sowjetische Verlangen nach Mitbestimmung über das – für die Verwirklichung des Marshall-Plans unbedingt notwendige – Potenzial des Ruhrgebiets und nach unbedingter Erfüllung aller Reparationsforderungen verband. Eine Vereinigung Deutschlands auf dieser Basis lehnten die westlichen Außenminister ab, suchten aber zu klären, ob es zu diesem Maximalprogramm eine Alternative gebe, die einen Kompromiss mit der UdSSR erlauben könnte. Die Amerikaner sondierten, ob etwa eine Übereinkunft über den Abzug der Besatzungstruppen möglich wäre. Das wurde von sowjetischer Seite heftig verneint. Das sei völlig ausgeschlossen, denn „diese Leute [die Deutschen] hassen uns“. Auch andere Schritte zur Herstellung der Einheit des besetzten Landes wurden scharf abgelehnt.

Die Westmächte wollten daraufhin wenigstens der Spaltung in Berlin ein Ende machen. Das bewog die sowjetischen Unterhändler zu sehr massiven Kontrollforderungen. Alle öffentlich Beschäftigten in der Stadt bis hin zu den Kulturschaffenden müssten striktester Überwachung durch die Vier Mächte unterliegen. Um die Absurdität dieses Verlangens zu verdeutlichen, fragte der amerikanische Außenminister sein Gegenüber bei einem informellen Gedankenaustauch, ob denn etwa auch der Pförtner des Pergamon-Museums der einstimmigen Billigung durch die Besatzungsbehörden bedürfe. Das wurde mit vollem Ernst bejaht.

Es gebe Leute wie Bürgermeister Reuter, denen man die Ernennung nicht überlassen könne. Am Konferenztisch beschuldigte die UdSSR die Westmächte, durch die den Deutschen zugedachten Freiheiten die staatliche Einheit verhindern zu wollen. Zu Unrecht werfe man ihr vor, auf ihrer Seite gebe es keine Freiheit, denn diese werde in der SBZ in vollem Maße allen gewährt außer den „Faschisten". Dagegen verfolge man in den Westzonen die „demokratischen Parteien".

Proklamierung der DDR

Aufgrund der gegensätzlichen Auffassungen beschränkten sich die Vereinbarungen auf die sowjetische Zusage, an den Zugangswegen nach West-Berlin die Lage vor der Blockade wiederherzustellen, und die westliche Bereitschaft, die Westdeutschen zur Wiederaufnahme des Interzonenhandels zu veranlassen. Kurz vor dem Abschluss der Verhandlungen suchte der sowjetische Außenminister den negativen Eindruck zu beseitigen, den die Zurückweisung der westlichen Deutschland- und Berlin-Vorschläge hinterlassen hatte. Am 10. Juni forderte er in einer sofort der Presse übergebenen Erklärung den raschen Abschluss des Friedensvertrags mit folgendem Abzug der Besatzungstruppen. Augenblicklich setzte unter dieser Leitparole eine Kampagne gegen die Westmächte ein. Nachdem die UdSSR in den Verhandlungen beharrlich eine diametral gegenteilige Position vertreten hatte, war das offensichtlich Propaganda. Das bestätigte ein hochrangiger sowjetischer Diplomat indirekt, als er befriedigt feststellte, der Vorschlag habe „Verwirrung angerichtet".

Nach dem sowjetischen Grundsatzbeschluss von Ende Dezember 1948 über den Aufbau deutscher Sicherheitsorgane verzögerte sich die Durchführung. Erst am 6. Mai 1949 beschloss das MGB die Entsendung der vorgesehenen 115 sowjetischen Geheimpolizisten. Diese errichteten eine spezielle Hauptverwaltung im Rahmen der Deutschen Verwaltung des Innern und überprüften zusammen mit deren „für Allgemeines" zuständigem

Vizepräsidenten Erich Mielke das Personal der K 5, von dem nur ein Zehntel übernommen wurde. Anstelle der Entlassenen stellte man zuverlässige Kader der Kriminalpolizei, zumeist höherrangige Bedienstete der sonstigen Polizei und geeignet erscheinende Angehörige der Unterschichten ein. Nach dem verspäteten Beginn konnten die sowjetischen Kader die Grundausbildung der Mitarbeiter des künftigen Staatssicherheitsdienstes erst nach Bildung der Regierung in Ost-Berlin abschließen.

Nachdem Ende März 1949 in Ost-Berlin die Arbeit am Text der Verfassung für die künftige „demokratische Republik der Deutschen" zum Abschluss gekommen war, wurde mit den Vorbereitungen für den 3. Deutschen Volkskongress begonnen. Stalin hatte seine Vorstellungen dazu den Führern der SED am 18. Dezember 1948 mitgeteilt. Der Volkskongress solle als vom deutschen Volk beauftragtes Parlament firmieren, das die Legitimation zur Annahme der Verfassung und zur Bildung einer Regierung besitze. Diese Qualität sollte dadurch demonstriert werden, dass seine Mitglieder von der Bevölkerung durch Wahlen bestimmt würden. Da in den Westzonen gewählt werde, müsse das auch im Osten geschehen. Stalin wusste freilich, welche Schwierigkeiten es den Kommunisten in der SBZ bereitete, sich ein positives Votum zu verschaffen. Er bot ihnen deswegen als Hilfe an, dass die SMAD die Stimmabgabe auf der Grundlage einer Einheitsliste anordnete. Der von diesem Scheinparlament zu ernennende 2. Volksrat sollte zur gesamtdeutschen Vertretung erklärt werden, die nach Bildung des Weststaates den Oststaat proklamieren und sich in die „Volkskammer der Deutschen Demokratischen Republik" (DDR) verwandeln sollte. Die von dieser zu bildende Regierung sollte aus politisch zuverlässigen, öffentlich angesehenen Personen der Parteien in der SBZ bestehen.

Für die Wahlen in der SBZ zum 3. Deutschen Volkskongress und damit zum provisorischen Parlament der künftigen DDR wurde zwar die Einheitsliste, also der Verzicht auf jegliche Alternative, vorgesehen, doch sollte nicht der Anschein entstehen, dass den Kommunisten die alleinige Macht zugedacht sei. Deshalb beanspruchte die SED auf der Einheitsliste nur ein Drittel der Mandate und billigte der CDU und LDP zusammen eine etwa gleich große Vertretung zu. Der NDPD und DBD wurden insgesamt 15 Prozent zugeteilt, der FDGB bekam 10 Prozent und sonstige gesellschaftliche Organisationen 5 Prozent. Damit schien die SED in der Minderheit zu sein. In Wirklichkeit freilich verfügte sie durch die von ihr kontrollierten anderen Parteien und Gruppen über mehr als 70 Prozent der Sitze.

Den Wählern blieb, soweit sie nicht für diese Mandatsverteilung stimmen wollten, nur die Möglichkeit, die Liste überhaupt abzulehnen. Das suchte man zu verhindern durch Kopplung mit dem Votum für die „Einheit Deutschlands und einen gerechten Friedensvertrag" – ein Ziel, gegen das sich kein Vernünftiger und Gutwilliger wenden könne. Als sich dann bei der Stimmabgabe trotzdem überwiegend Ablehnung abzeichnete, sah man sich zur Korrektur durch nochmalige Auszählung veranlasst. Es blieben aber immer noch 33 Prozent Nein-Stimmen übrig. Der auf diese Weise gewählte und durch kooptierte Westdeutsche ergänzte 3. Volkskongress verabschiedete am 29./30. Mai 1949 die im Frühjahr fertig gestellte Verfassung sowie ein „Manifest der Nationalen Front für Einheit und gerechten Frieden" und bildete den 2. Deutschen Volksrat.

Nach Gründung der Bundesrepublik Deutschland in den Westzonen erklärte sich, wie Stalin am 18. Dezember 1948 vorgesehen hatte, der Volksrat in Ost-Berlin am 5. Oktober 1949 zur „Provisorischen Volkskammer" und beantragte bei der SMAD die Genehmigung der in den Ausschüssen des Volkskongresses formulierten Dokumente. Die Volkskammer proklamierte am 7. Oktober die „Deutsche Demokratische Republik" (DDR) und setzte die vorbereitete Verfassung in Kraft. Wenig später wählte sie Pieck zum Präsidenten, ernannte einen Ministerrat und ernannte Grotewohl zum Vorsitzenden. Die Personalentscheidungen standen schon vorher fest, denn die SMAD hatte unter Berücksichtigung von Anregungen der SED-Führung Vorschläge ausgearbeitet und nach Moskau geschickt. Daran nahmen das Außenministerium und dann Stalin persönlich erhebliche Veränderungen vor, ehe den ostdeutschen Abgeordneten das Plazet ab-

Bundesarchiv, Bild 183-S88793

„‚Wir grüßen die Deutsche Demokratische Republik'. Anlässlich der Gründung der Deutschen Demokratischen Republik und der Wahl des Staatspräsidenten fand in den Abendstunden des 11. Oktober 1949 eine Massenkundgebung auf den August-Bebel-Platz in Berlin statt. FDJ-Fahnen im Demonstrationszug." Original Bildunterschrift der Nachrichtenagentur der DDR (ADN)

verlangte. In Moskau wurden ebenfalls die Leiter der wichtigeren Abteilungen in den Ministerien sowie die Personalumfänge der Ressorts und die Geschäftsordnung der Regierung bestimmt. Zugleich wurde die – von Pieck und anderen vorher intern geäußerte – Hoffnung auf größere Selbstständigkeit enttäuscht. Die UdSSR war nicht bereit, ihre Besatzungsgewalt auf die Wahrnehmung einer politischen Aufsicht zu beschränken. Sie gestand der DDR nur Verwaltungskompetenzen zu, also die Befugnis zur Durchführung der Direktiven, die sie aus Moskau erhielt.

Dessen ungeachtet, wurde der DDR in den öffentlichen Stellungnahmen der Sowjetunion hoher Respekt gezollt, während man der Bundesrepublik das Existenzrecht absprach. Wie der Oberste Chef der SMAD erklärte, sei es nicht hinnehmbar, dass sich ein Teil Deutschlands weiter in den Händen derer befinde, die gestern die „Inspiratoren des Hitlerregimes“ gewesen seien. Seinen Worten zufolge, besaß allein die DDR politische Legitimität als derjenige Staat, der die Bedingungen des Potsdamer Abkommens erfülle. Dem lag der von der UdSSR seit 1946 ausdrücklich vertretene Standpunkt zugrunde, dass man nur in der SBZ den Forderungen nach Entnazifizierung, Entmilitarisierung, Dekartellisierung und Demokratisierung entsprochen habe. Nur dort habe man den „Faschisten“ die politische, wirtschaftliche und gesellschaftliche Macht genommen und ihr Regime durch die Herrschaft des Volkes ersetzt. Die DDR war demnach der politische Höhepunkt der Entwicklung in Deutschland: Sie verfügte zwar nur über einen Teil des Gebiets, aber Verfassung und Gründung beruhten auf der Zustimmung der ganzen Bevölkerung. Wenn diese demokratische Ordnung noch nicht überall gelte, sei das der verhindernden Anwesenheit der westlichen Besatzungsmächte und ihrer deutschen „Lakaien“ zuzuschreiben.

Der von der UdSSR aus der Taufe gehobene Staat war seinem Charakter nach für Stalin schon das künftige Gesamtdeutschland. Die „Bildung der Deutschen Demokratischen friedliebenden Republik“, so hieß es in seinen Glückwunsch, sei ein „Wendepunkt in der Geschichte Europas“. Die „Existenz eines friedliebenden demokratischen Deutschlands neben dem Bestehen der friedliebenden Sowjetunion“ schließe die „Möglichkeit neuer Kriege in Europa“ aus. Dem Blutvergießen auf dem Kontinent werde „ein Ende bereitet“ und die „Knechtung europäischer Ländern durch die Weltimperialisten unmöglich gemacht“. Der Grundstein, den man für ein „einheitliches, demokratisches und friedliebendes Deutschland“ gelegt habe, sei ein „großes Werk für ganz Europa“. Diese triumfalen Aussagen belegen, dass die DDR Stalins Wunschkind war, dessen einziger Makel darin bestand, dass es nur ein Teil von Deutschland war. Aber das, so glaubte man im Kreml, werde sich noch ändern lassen.

3. Die DDR in den letzten Jahren Stalins

Konstituierung der Herrschaftsstrukturen

Die UdSSR erklärte, sie habe die Gründung der DDR erlaubt, weil die Anforderungen des Potsdamer Abkommens erfüllt worden seien. Der Weststaat habe die versäumte „Demokratisierung" noch nachzuholen. Der ostdeutschen Führung wurde mitgeteilt, der Umfang der ihr gewährten Selbstverwaltung hänge vom „Vertrauen" der Besatzungsmacht ab. Dieses war offenbar gering, denn Ausmaß und Intensität der „Anleitung" änderten sich kaum. Nach wie vor hatten bis über das Ende der Stalin-Zeit hinaus die Okkupationsbehörden das Sagen selbst in bloßen Alltagsfragen. Die Sowjetische Kontrollkommission (SKK), die aus der SMAD hervorging und deren Funktionen übernahm, war zwar auf der lokalen Ebene nicht mehr vertreten und kam daher mit weniger Personal aus, doch weiter oben, bei der zentral durchgeführten „Anleitung", änderte sich am Kaderumfang wenig. Auf Diskretion bezüglich aller erteilten „Empfehlungen" und „Ratschläge" wurde sogar noch größerer Wert gelegt. Nach der Staatsgründung war es noch wichtiger, den Anschein eines selbstständig entscheidenden Gemeinwesens zu erwecken. Soweit möglich, wurden die internen sowjetischen Direktiven nicht schriftlich fixiert oder blieben zumindest ohne Hinweis auf Kontext und Zweck, und die Adressaten durften niemandem etwas sagen. Selbst nur im Kreis enger Vertrauter gemachte bloße Andeutungen genügten, um Pieck, den DDR-Präsidenten und SED-Vorsitzenden, der Rüge auszusetzen. Die SKK hielt an der Fiktion der deutschen Eigenständigkeit dadurch fest, dass sie ihre Mitarbeiter anwies, Formen der „Bevormundung" zu vermeiden.

Die DDR hatte fundamental andersartige Strukturen als westliche Länder. Die SED war offiziell „Staatspartei". Als solche hatte sie, wie Ulbrichts „Kleines Sekretariat" im Oktober 1949 durch konkrete Beschlüsse festlegte, die „führende Rolle" im Staat zu übernehmen. Deshalb wurden die Abteilungen ihres Zentralkomitees (ZK) im Juni 1950 so gegliedert, dass ihnen stets ein bestimmtes Ministerium gegenüberstand, das sie „anzuleiten" hatten. Ihrerseits besaßen sie jeweils ein Gegenüber in der SKK. Dadurch wurde gewährleistet, dass nicht nur der Inhalt der Gesetze und Verordnungen, sondern auch die Auswahl des Personals jeweils genau den Instruktionen der SED-Führung und der sowjetischen „Freunde" folgte. In gleicher Weise wurden die Verhältnisse in den Ländern geordnet. Grundsätzlich wurden die Entscheidungen nicht von den staatlichen Leitungsorganen getroffen, denen nur ausführende Funktionen zugewiesen waren, sondern von der kommunistischen Partei, die auf das Einvernehmen mit den Besatzungsbehörden angewiesen war. Deshalb waren Volkskammer und Regierung dazu verpflichtet, alle politisch oder fachlich wichtigen Vorlagen dem Politbüro bzw. dem Sekretariat der SED zur Entscheidung über das weitere Vorgehen vorzulegen.

Dem sowjetischen Vorbild folgte auch das System der „Kadernomenklatur", das zunächst am 30. Januar 1950 für die Partei und danach auch für die gesellschaftlichen Organisationen und den Staatsapparat festgelegt wurde. Für alle Funktionsebenen legte die Kader-Abteilung des ZK Verzeichnisse (Nomenklaturen) an, in denen die jeweils zu verwendenden Personen aufgeführt wurden. Diese Listen beruhten auf vom Politbüro und Sekretariat mit Zustimmung der Kader-Abteilung des ZK gefassten Beschlüssen, welche die Aufgaben- und Positionsbereiche der Betreffenden bestimmten. Dadurch hatten die Leitung der SED auf der jeweiligen Organisationsebene stets Informationen an der Hand, wen sie für welche Aufgabe einsetzen konnte. Das gewährleistete die Besetzung aller wichtigen Posten durch die Kader der nächsthöheren Ebene. Damit konnten von vornherein nur von der Parteihierarchie ausgewählten „Nomenklaturkader" wichtige Positionen einnehmen. Die regelmäßige Erstellung von Charakteristiken und politischen Beurteilungen durch die die zuständige Kader-Abteilung des ZK sorgte für die laufende Überprüfung des Personals.

Anfang 1950 wurde die politische Gleichschaltung der Justiz abgeschlossen. Am 8. Februar ernannte die SED-Führung die

Mitglieder des Obersten Gerichts der DDR. Am gleichen Tag fiel der Beschluss, ein Ministerium für Staatssicherheit (MfS) einzurichten. Am 24. Februar wurde zu dessen Chef nicht der einschlägig ausgewiesene ostdeutsche Parteikader, Ulbrichts Gefolgsmann Mielke, sondern Wilhelm Zaisser ernannt, von dem Stalin wusste, dass er lange Zeit zuverlässig für die entsprechenden sowjetischen „Organe" gearbeitet hatte und gegenüber dem SED-Chef eine unabhängige Haltung einnahm. Mielke wurde nur Stellvertreter. Die operative Tätigkeit des MfS wurde wesentlich von den „Instrukteuren" aus der UdSSR bestimmt, die dort in großer Zahl arbeiteten. Mit einer Parteitagung am 8. und 9. Februar wurde die Umgestaltung der Massenmedien zu einer „Presse neuen Typus" eingeleitet. Die Richtung wurde von Ulbricht vorgegeben mit Ausführungen gegen das „Nur-Journalistentum" und mit scharfer Kritik an der „mangelnden Wachsamkeit" in den Redaktionen gegenüber „klassen- und parteifeindlichen Elementen".

Am 4. Mai erklärte Stalin der SED-Führung, der Zentralen Parteikontrollkommission komme bei der Wahrung der politischen Zuverlässigkeit besondere Bedeutung zu. Er nahm mit Befriedigung zur Kenntnis, dass die Anfang 1951 vorgesehene Überprüfung der Parteibücher zur „Säuberung" führen werde. Auch andere Maßnahmen waren dazu da, die Kader, die einfachen Mitglieder und Kandidaten der SED und die breiten „Massen" im Zuge der proklamierten „gesetzmäßigen Verschärfung des Klassenkampfs während der Phase des Übergangs zum Sozialismus" einer zunehmenden Disziplinierung zu unterwerfen. Nach ausführlicher Erörterung stimmte Stalin dem 1. Fünf-Jahr-Plan zu, der die ostdeutsche Ökonomie voll an den Vorgaben der UdSSR ausrichtete, und erklärte sich mit der Aufnahme der DDR in den östlichen Rat für Gegenseitige Wirtschaftshilfe (RGW) einverstanden. Der SED-Staat war seitdem auch ökonomisch voll in das sowjetische Lager einbezogen und unterschied sich nur noch wenig von den anderen kommunistischen Staaten in Osteuropa. Trotzdem hieß es nach wie vor im Blick auf das Image in der westdeutschen Öffentlichkeit, die Ordnung in der DDR habe „bürgerlich-demokratischen" Charakter.

Vorbereitung der Volkskammerwahlen

Nach dem sowjetischen Konzept bedurften die veränderten Machtverhältnisse hinterher der Bestätigung durch ein Wählervotum. Aufgrund der Erkenntnis, dass die Zustimmung nur mittels Einheitslisten zu erreichen war, hatten sich Besatzungsmacht und SED-Führung im Frühjahr 1949 darauf verständigt. CDU und LDP gingen aber noch bei Gründung der DDR davon aus, dass sie mit eigenen Listen antreten könnten. Als die kommunistische Seite im Laufe des Winters allmählich die Absicht erkennen ließ, auch bezüglich der künftigen Volkskammer keine Parteienkonkurrenz mehr zuzulassen, waren die Mitglieder und Organe beider Parteien bis hinauf zur Landesebene nicht einverstanden. Die gleichgeschaltete zentrale Leitung konnte dies nicht einfach ignorieren, wenn es keinen öffentlichen Aufschrei geben sollte. Deswegen sah sich die SED genötigt, zur Durchsetzung der Einheitsliste eine intensive Kampagne einzuleiten. In einer konzertierten Aktion befassten sich verschiedene Parteiapparate und die Organe der Staatssicherheit vor allem mit den „reaktionären Kräften" sowohl auf bürgerlicher Seite als auch bei den „rechten Sozialdemokraten". Den Instruktionen zufolge, sollten die Einwirkungen primär mittels „ideologischer" Überzeugungsarbeit erfolgen, doch griff man, als das vielfach wenig nützte, zu massiven Drohungen und Repressionen. Dafür boten die Verfassungsartikel genügend Handhaben, denen zufolge eine vage definierte „Boykotthetze" und der „parteipolitische Missbrauch von Einrichtungen" strafbar waren. Als Feindbilder dienten die „Volksverräter" Adenauer und Schumacher, deren auf einen anderen Wahlmodus dringende „Agenten" in der DDR rücksichtslos bekämpft werden müssten.

Wer sich gegen die offizielle Linie stellte, wurde von Ulbricht, der zunehmend als der hauptsächliche Machthaber in Erscheinung trat, zum „Feind der Demokratie und des Neuaufbaus" erklärt und sah sich mit dieser Begründung einer rücksichtslosen Verfolgung ausgesetzt. Leitende Personen von CDU und LDP, so der Christdemokrat Hugo Hickmann in Sachsen und der Liberale Leonhard Moog in Thüringen, sahen sich zum Rücktritt gezwungen und wurden aus ihrer Partei ausgeschlossen. So wie Moog entzogen sich viele der drohenden Verhaftung durch Flucht in den Westen. Andere erhielten hohe Gefängnisstrafen. Vor diesem Hintergrund erklärten sich alle Parteien und Massenorganisationen am 28. März 1950 bereit, für die Volkskammerwahlen ein gemeinsames Wahlprogramm auszuarbeiten.

Nachdem diese Hürde genommen worden war, sah die SED-Führung, wie Pieck am 4. Mai Stalin berichtete, „das größte Problem" darin, „die Bevölkerung dazu zu bringen, an der Wahl teilzunehmen". Nach den Erfahrungen mit den Wahlen zum Volkskongress im Mai 1949 habe man die Sorge, dass Aufrufe von bürgerlicher Seite, „nicht an den Wahlen teilzunehmen oder gegen die Listen zu stimmen", erneut große Resonanz finden könnten. Damals sei man „schlecht vorbereitet" gewesen, so dass für die Kandidaten auf der Einheitsliste nur 66 Prozent der Stimmen abgegeben worden seien. Jetzt wolle man sehen, 80–85 Prozent

Bundesarchiv, Plak 102-003-012, Grafik Schubert

Gemälde, Wilhelm Pieck beim Erntedankfest 1950

zu bekommen. Stalin reagierte mit der Bemerkung, dass dies „ein schönes Ergebnis“ wäre.

Im Blick darauf setzten SED und Staatssicherheit die Kampagne in der DDR fort. Das Wahlgesetz, das die Benutzung der Einheitsliste dekretierte, wurde von der Provisorischen Volkskammer am 9. August einstimmig beschlossen. So wie schon im Mai 1949 wurde für die SED dem Anschein nach nur eine relative Mehrheit vorgesehen, die sich aber durch die von der NDPD, der DBD und den gesellschaftlichen Massenorganisationen aufgestellten Kandidaten zu erdrückender Überlegenheit steigerte: Den 267 Kommunisten standen nur 133 Vertreter von CDU und LDP gegenüber. Am 15. Oktober 1950 wurde auf dieser Grundlage gewählt. Die amtlichen Stellen meldeten eine Wahlbeteiligung von 98,44 Prozent sowie 99,7 Prozent Ja-Stimmen. Im Gegensatz zu den ergebnisoffenen Wahlen in der Bundesrepublik waren diese Wahlen nach offizieller Darstellung „demokratische Wahlen“, denn sie bestätigten die vorausgegangene „demokratische Entwicklung“. Auf den „demokratischen“ Charakter des Resultats – nicht auf das Wahlverfahren – kam es nach Auffassung von SED und KPdSU an.

Der gesamtdeutsche Auftrag der DDR

Als Stalin die DDR aus der Taufe heben ließ, hatte er in ihr den deutschen Staat schlechthin gesehen, den die westlichen Besatzungsmächte am Besitz des ganzen Territoriums hinderten. Das war nicht bloße Theorie. Auf unterschiedliche Weise sollte der Einfluss des SED-Regimes auf den westlichen Landesteil ausgedehnt werden. Im Block der Nationalen Front hatten sich die bürgerlichen Parteien, als welche nicht nur CDU und LDP, sondern auch die unmittelbar der kommunistischen Kontrolle unterliegenden NDPD und DBD galten, um die bürgerlichen Kreise in der Bundesrepublik zu bemühen. Wie Grotewohl Stalin am 4. Mai 1950 berichtete, gab es Schwierigkeiten, weil die Nationale Front „von vielen Westdeutschen als von den Kommunisten inspiriert angesehen wird". Daher sei die „Friedensbewegung in der Lage, einen größeren Kreis von Menschen zu erfassen". Deshalb habe man unabhängig davon „Komitees für den Kampf um den Frieden" gegründet, in denen die SED „auch den Kampf gegen die Theorie der ‚Neutralität' Deutschlands im Kampf der zwei Lager" führe, um eine „Einschränkung des Kampfes des deutschen Volkes für Frieden und Demokratie" zu verhindern. Diese Aktivität erfolgte auf der Grundlage der Beschlüsse des von der UdSSR veranlassten 1. Weltfriedenskongresses vom 20. bis 25. April 1949, der im Gewand einer nicht parteigebundenen Institution die Öffentlichkeit zum Kampf gegen die „Kriegstreiber" im Westen und vor allem gegen die amerikanische Atombombe aufgerufen hatte.

Als Erwiderung auf Grotewohls Ausführungen bezeichnete es Stalin als „die Hauptsache", „eine breit angelegte Friedenskampagne durchzuführen". Eine „Bewegung des deutschen Volkes für den Frieden" würde es den Amerikanern verwehren, „Westdeutschland in die Konfrontation mit Ostdeutschland zu bringen". „Vor den Deutschen liegen jetzt zwei Wege: Frieden oder Krieg." Während die Amerikaner sie „in einen Krieg hineinzuziehen" suchten, „als ob dies der einzige Weg zu Wiederherstellung eines starken Deutschlands" wäre, seien in Wirklichkeit „der Frieden und die Zusammenarbeit mit den friedliebenden Völkern" im Osten „der einzige Weg" zu diesem Ziel. „Wenn die gesamte deutsche Bevölkerung in die Kampagne für den Frieden einbezogen wird, werden alle Pläne der USA, Deutschland in einen Krieg zu verwickeln, zunichte gemacht werden."

Grotewohls Klage, noch immer gelinge es „der verräterischen Führung der Gewerkschaften und der Sozialdemokratie" in Westdeutschland, die „Einheit der Arbeiterklasse zu verhindern", ließ Stalin nicht gelten. Das hier gezeichnete Bild sei allenfalls richtig, wenn man „das Kräfteverhältnis nach der Einstellung von Organisationen beurteilen" wolle. Doch nach diesem Kriterium dürfe man „die Stimmung eines Volkes nicht beurteilen". Er wisse aus der Geschichte der Partei, dass dies falsch sei. Der ablehnenden Haltung aller Organisationen zufolge, wären die Bolschewiki bei der Oktoberrevolution 1917 in einer hoffnungslosen Lage gewesen, doch als sich diese „zu den Massen hinab begeben" hätten, habe „alles anders" ausgesehen, und die „Führer der größten Organisationen" seien „völlig unerwartet" von der „Katastrophe" ereilt worden, „weil sie den Kontakt zu den Massen und zu den Bedürfnissen des Volkes verloren" hätten.

Aus dieser Erinnerung zog Stalin den Schluss, „dass die Einstellung der Volksmassen anders sein muss, als dies durch die westdeutschen Gewerkschafts- und Parteiorganisationen zum Ausdruck kommt." Er rate daher den dortigen Kadern, „ihre innere Organisation fortzusetzen, Verbindung mit den einfachen Menschen zu halten und sie zu festigen." Vielleicht hätte das Volk sich schon erhoben, doch es fürchte sich. Das so entstandene „geduldige Schweigen" sei manchmal „gefährlicher als offene Demonstrationen". Man müsse „das sehen, was man mit bloßem Auge nicht sehen" könne. Stalins Fazit lautete: „Im Volk besteht und verstärkt sich der Hass auf die Imperialisten [im Westen]." Daher solle die DDR nach ihrer inneren Konsolidierung den Kampf um Westdeutschland mit aller Kraft führen.

Kampf gegen die „Remilitarisierung Westdeutschlands"

Einige Monate später änderte sich der weltpolitische Rahmen. Der nordkoreanische Angriff auf den Süden am 25. Juni 1950 gab im Westen Anlass zu der Frage, ob auch das sowjetische Militär in Marsch gesetzt werde. In diesem Fall gab es in Westeuropa keine wirksame Abwehr. Die USA hatten im Vertrauen auf die abschreckende Wirkung ihrer Atombombe abgerüstet. Zu Hause verfügten sie nur über zweieinhalb Divisionen und auf dem europäischen Kontinent über keinerlei Kampftruppen. Die Besatzung in Deutschland übte nur zivile Funktionen aus. Bei einem Angriff der UdSSR war Evakuierung vorgesehen. Auf die Frage, was die feindlichen Streitkräfte brauchten, um zum Atlantik vorzustoßen, antwortete der amerikanische General Lemnitzer sarkastisch: „Schuhe". Die Verbündeten hatten durch den Nordatlantikpakt nur eine politische Sicherheitsgarantie erhalten: Ein Angriff auf sie würde die Sowjetunion automatisch in einen Krieg mit den USA verwickeln. Das schien damals auszureichen, weil man davon überzeugt war, dass Stalin den militärischen Konflikt mit einer Macht scheute, welche die Atombombe und generell ein weit überlegenes Potenzial besaß.

Diese Zuversicht geriet durch den Korea-Krieg ins Wanken. Was Stalin in Ostasien billige und unterstütze, mochte er auch in Europa als richtig ansehen. Das erschien umso plausibler, als die UdSSR durch Zündung eines atomaren Sprengkörpers im Sommer 1949 das amerikanische Monopol gebrochen hatte. Im Falle eines sowjetischen Angriffs waren die Westeuropäer, vor allem die geographisch exponierten Westdeutschen, in einer schlimmen Lage. Sie glaubten zwar meist, die USA würden die Kampf nicht aufgeben, sondern sich wie im Zweiten Weltkrieg militärisch organisieren und danach mit überlegener Macht nach Europa kommen, um die Völker zu befreien. Doch diese Erwartung eröffnete die fatale Aussicht, zweimal der Kriegsfurie und dazwischen der sowjetischen Repression ausgesetzt zu sein. Deswegen verbreitete sich weithin panische Angst. Viele von denen, welche die Möglichkeit dazu hatten, setzten sich nach Nord- oder Südamerika ab.

Die westlichen Regierungen entschlossen sich zum Aufbau einer militärischen Abwehrfront. Die Amerikaner und Briten wollten auch westdeutsche Einheiten aufstellen. Adenauer war einverstanden, verlangte aber zuvor eine Sicherheitsgarantie. Im Blick auf die „Bereitschaften“ in der DDR, die bis Ende des Jahres bis 50.000 Mann anwuchsen und durch die Anfänge einer kleinen Marine ergänzt wurden, bemühte er sich auch um eine mit leichten Waffen ausgerüstete Bundespolizei. Die französische Seite lehnte militärische Verbände der Bundesrepublik ab, stimmte aber zusammen mit den anderen Besatzungsmächten dem Aufbau einer – freilich auf 10.000 Mann begrenzten – Bundespolizei zu. Bei den Beratungen der westlichen Staaten im September über den Aufbau einer NATO-Verteidigung mit starkem Militärbeitrag der USA zeigte sich, dass man westdeutsche Soldaten brauchte, um die erforderliche Stärke zu erreichen. In Paris sah man sich nach langem Hin und Her zu grundsätzlicher Zustimmung veranlasst, schränkte aber ein, das könne nicht auf nationaler Basis, sondern nur in einem europäischen Rahmen geschehen. Die westlichen Staaten verständigten sich zuletzt darauf, mit der Bundesregierung sowohl über ein Kontingent zur künftigen Europa-Armee als auch über dessen militärische Struktur zu sprechen.

Die in aller Öffentlichkeit geführte Diskussion im Westen hatte für die Führung im Kreml Vor- und Nachteile. Dieser erhielt Gelegenheit zu einer Kampagne gegen die „Remilitarisierung Westdeutschlands", die darauf abzielte, die westlichen Pläne zunichte zu machen. Dieser Hoffnung stand das Risiko gegenüber, dass die UdSSR bei einem Scheitern der Bemühungen mit einem militärischen Gegengewicht in Europa konfrontiert würde, das ihre Vormachtrolle auf Dauer zu verhindern drohte. In der Auseinandersetzung darüber machten sich die Sowjetunion und ihre Gefolgschaftsstaaten, insbesondere die DDR, die überall in den Nachbarländern aus dem Krieg herrührenden Ängste und Ressentiments gegenüber den Deutschen zunutze. Zugleich bediente sie sich in der Bundesrepublik der dort verbreiteten Haltung, es dürfe „nie wieder Krieg" geben. Man wolle „keine Waffe mehr in die Hand nehmen" und – nach den bösen Erfahrungen der Vergangenheit – die Dinge diesmal „ohne mich" geschehen lassen. Zusätzlich wurden nationale Appelle an die Westdeutschen gerichtet. Zur Wiedergewinnung der verlorenen Einheit müsssten sie sich vom Westen abwenden und mit der DDR über den Aufbau eines gemeinsamen Staates verständigen.

Das Konzept dafür wurde auf der Prager Außenministerkonferenz der östlichen Staaten am 20./21. Oktober 1950 formuliert. Der verabschiedeten Erklärung zufolge, lag der von den Westmächten geplanten „Remilitarisierung" und der angeblich ebenfalls von ihnen herbeigeführten Spaltung Deutschlands ein- und dieselbe Ursache zugrunde: die Abkehr vom Potsdamer Abkommen. Nach kommunistischer Ansicht, die diesmal wohlweislich unerwähnt blieb, waren damals für das gesamte Land die politischen Verhältnisse vorgesehen worden, die anschließend nur in der DDR verwirklicht wurden. Deshalb sollte die Einheit – so wie die UdSSR dies schon 1949 auf der Pariser Konferenz vorgeschlagen hatte – Sache allein der „Deutschen selbst" sein. Das in Prag vorgelegte Konzept sah einen aus Vertretern beider Staaten bestehenden „Gesamtdeutschen Konstituierenden Rat" vor, der die Bildung einer Regierung für ganz Deutschland vorbereiten und beratend an der Ausarbeitung des künftigen Friedensvertrags mitwirken sollte. Mit anderen Worten: Die Entscheidungen über den Aufbau des deutschen Staates sollten demnach bei jeder Frage von der Zustimmung des SED-Regimes abhängen, ohne dass die Westmächte ihr Gewicht zugunsten demokratischer Vorstellungen in die Waagschale zu werfen in der Lage sein würden.

Die DDR wurde von der UdSSR dazu veranlasst, sich aktiv einzuschalten. Am 30. November forderte Ministerpräsident Grotewohl Bundeskanzler Adenauer öffentlich dazu auf, Mitglieder für den „Gesamtdeutschen Konstituierenden Rat" zu benennen. Es solle über die Bildung einer Regierung gesprochen werden. Anschließend würde es auch darum gehen, „Bedingungen zur Durchführung freier Wahlen vorzubereiten". Es komme dabei auf wechselseitige „Verständigung" an. Intern erläuterte er auf einer Sitzung der DDR-Regierung, dass Zusagen vor Beginn der Beratungen nicht in Betracht kämen. Demnach hatte die westdeutsche Seite den östlichen Vorschlag anzunehmen und sich damit gegen die Westmächte zu wenden, ohne dass ihr ein Entgegenkommen geboten wurde. Dazu war Adenauer nicht bereit. Daraufhin warfen ihm die Kommunisten, ihre Mitläufer und auch einige demokratische Kritiker vor, er habe kein Interesse an der Wiedervereinigung, weil er die Wiederbewaffnung wolle.

Es folgte eine heftige Kampagne unter den Parolen: „Deutsche an einen Tisch" und: „Ami go home". Der DDR war dabei die Hauptrolle zugewiesen. Neben der Westkommission der SED und den Kadern der westdeutschen KPD hatten sich die in der Nationalen Front vereinigten bürgerlichen Parteien und gesellschaftlichen Organisationen für die Forderungen der Prager Erklärung einzusetzen. Mit Plakaten, Broschüren und massenhafter Versendung „persönlicher" Briefe an westdeutsche Adressaten, auf Betriebs-, Gewerkschafts- und Volksversammlungen in der Bundesrepublik, durch Kontakte mit Verbänden, lokalen Parteiorganisationen und mit Kritikern wie Gegnern der Bonner Politik wurden die Befürworter der „Remilitarisierung" und der Westbindung insgesamt als „Spalter" und „Kriegstreiber" hingestellt. Um ihnen das Handwerk zu legen, müsse eine Volksbefragung stattfinden. Unter Berufung auf die Verfassung, die keine Referenden vorsah, erließ die Bundesregierung ein Verbot. Daraufhin veranstalteten die KPD-Funktionäre eine landesweite Unterschriftensammlung, um den Nachweis zu erbringen, dass sich die Bevölkerung mit überwältigender Mehrheit für die östlichen Vorschläge und gegen den Kurs Adenauers und der Amerikaner ausspreche.

Aufrüstung des sowjetischen Lagers

Trotz aller Bemühung befürchtete man im Kreml, den Aufbau der NATO-Streitmacht und den dabei unerlässlichem westdeutschen Beitrag nicht verhindern zu können. Darauf stellte sich Stalin ein. Er bestellte die Parteichefs und Verteidigungsminister der Volksdemokratien zu sich. In strengstens geheimgehaltenen Beratungen vom 9. bis 12. Januar 1951 befahl er, sich der begonnenen Aufrüstung der UdSSR anzuschließen. Zwar gehe von den Streitkräften im Westen wegen der bisher bestehenden sowjetischen Überlegenheit zunächst keine Bedrohung aus, doch werde sich das Kräfteverhältnis allmählich zum Nachteil der östlichen Seite ändern. Dann werde sich die Aggressivität der amerikanischen „Imperialisten" zeigen. Zugleich war Stalin bemüht, ihnen den Nimbus der Unbesiegbarkeit zu nehmen. Gegenwärtig seien sie nicht einmal imstande, den kleinen Krieg in Korea (wo sie mit ihren noch sehr schwachen Kräften interveniert hatten) siegreich zu beenden. Sie brauchten noch Zeit zur militärischen Vorbereitung und seien in Asien für zwei bis drei Jahre gebunden. Diese Frist müsse man nutzen, um bis dahin eine „moderne und schlagkräftige Armee" aufzubauen. Anschließend ließ sich der sowjetische Führer Bericht über den Stand der militärischen Bereitschaft des jeweiligen Landes erstatten, legte für die Verbündeten eine Truppenstärke von insgesamt etwa 2,5 Mio. Mann fest, teilte sie auf die einzelnen Staaten auf und ordnete die Errichtung eines ständigen Koordinationsorgans an.

Von einer Mitwirkung der DDR war zunächst keine Rede. Stalin wies ihr zunächst weiter die Aufgabe zu, die Westdeutschen durch Lockungen mit der nationalen Einheit dem westlichen Lager zu entfremden und damit auf die sowjetische Seite zu ziehen. Dieses Ziel hatte Vorrang. Solange man im Kreml mit der Möglichkeit rechnete, dass sich ein Umschwung in der Bundesrepublik herbeiführen lasse, war eine ostdeutsche Mitwirkung an der gemeinsamen Kriegsvorbereitung weniger wichtig. Im ausgehenden Frühjahr 1951 jedoch entstand der Eindruck, dass der Beitrag der Bundesrepublik zum Aufbau der Streitmacht des Westens kurz bevorstand, also nicht mehr zu verhindern war. Damit verlor die nationale Lockvogelrolle der DDR ihren Sinn. Die Fiktion, man habe dort eine für die Westdeutschen akzeptable „bürgerlich-demokratische" Ordnung errichtet, wurde entbehrlich. Mithin konnte sich das SED-Regime bislang geübte lästige Rücksichten sparen wie etwa die, dass Enteignungen eines Vorwands bedurften, um nicht als Vorgehen gegen das Bürgertum zu erscheinen.

Wenn die Bundesrepublik in das westliche Militärbündnis eingegliedert wurde, war zudem nicht mehr mit der Aussicht auf einen künftigen Bürgerkrieg zu rechnen, den Stalin 1947/48 bei den „Bereitschaften" im Auge gehabt hatte, denn es würde kein Abzug der westlichen Besatzungstruppen stattfinden. Man hatte sich daher auf den Kampf nicht mit westdeutschen Polizeikräften, sondern mit den vereinten Streitkräften des Westens einzustellen. Wenn es in Deutschland zu einem bewaffneten Konflikt kommen würde, war dies automatisch ein Krieg zwischen beiden Lagern insgesamt. Deswegen schien ein Um- und Ausbau des DDR-Militärs zu einer Koalitionsarmee nötig, welche die sowjetischen Streitkräfte unterstützen konnte. Im Blick darauf empfahl der Generalstab der UdSSR der politischen Führung in einer Vorlage, außer den Volksdemokratien auch die DDR in den Aufrüstungsprozess einzubeziehen, denn es sei mit der Möglichkeit eines „von aggressiven imperialistischen Kräften des Westens entfesselten" Krieges zu rechnen. Alle östlichen Staaten sollten deswegen nicht nur Soldaten aufstellen, sondern auch in ihren Wirtschaftsplänen Investitionen zur strategischen Entwicklung der Streitkräfte vorsehen.

Dennoch kam es zunächst nicht zur Einbeziehung der DDR. Stalin wollte dem Westen bei der Militarisierung Deutschlands den Vortritt lassen, um nicht als deren Urheber dazustehen. Im Sommer 1951 wurde deutlich, dass sich die westdeutsche Wiederbewaffnung verzögerte: Die Verhandlungen darüber zwischen den Westmächten und der Bundesrepublik wurden bis zum Herbst vertagt. Pieck, Ulbricht und Grotewohl regten daraufhin am 30. Juli bei der SKK an, die UdSSR könnte doch die gewonnene Zeit dazu nutzen, um die Aufrüstung der DDR durch einen öffentlich vorgeschlagenen Friedensvertrag mit Deutschland zu rechtfertigen, der vom Westen abgelehnt werde. Damit lasse sich die Aufmerksamkeit darauf lenken, dass die Sowjetunion für die staatliche Einheit eintrete und damit gegen die Spalter- und Remilitarisierungspolitik der Westmächte Position beziehe. Das würde dem deutschen Volk und aller Welt zeigen, dass sich die UdSSR um eine einvernehmliche Regelung bemüht habe, bevor die DDR zum Aufbau ihrer Streitkräfte gezwungen gewesen sei.

Die SKK befürwortete die Anregung im Moskauer Außenministerium. Dort war man sich aufgrund der Berichte des hauseigenen Aufklärungsdienstes sicher, dass die Westmächte keinesfalls auf den Friedensvertragsvorschlag eingehen würden, und hielt die Initiative daher für „im Prinzip richtig". Wie es am 28. August in der Endfassung der Vorlage für Stalin hieß, konnte durch die „Veröffentlichung eines sowjetischen Entwurfs der Grundlagen des Friedensvertrags" eine „konkrete Plattform des Kampfes für ein vereintes demokratisches Deutschland und gegen die Unterjochung Westdeutschlands durch die anglo-amerikanischen Imperialisten" geschaffen werden. Es erschien aber ratsam, den Friedensvertragsvorstoß erst „etwas später zu unternehmen und vorher die Meinung der Weltöffentlichkeit auf einen solchen Schritt der sowjetische Regierung vorzubereiten". Als die Leiter des Ministeriums und der SKK den Vorschlag Stalin unterbreiteten, war dieser skeptisch. Er befürchtete, die Westmächte könnten vieleicht doch darauf eingehen. Wie würde man dann dastehen? Ihm wurde daraufhin mit Nachdruck versichert, dass mit einer positiven Reaktion nicht zu rechnen sei. Daraufhin erklärte er sich einverstanden, fügte aber hinzu, wenn sich die Voraussage als falsch erweise, würden die Verantwortlichen zur Rechenschaft gezogen werden.

Der Beschluss, zu dem Stalin daraufhin das ZK veranlasste, sah vor, dass die Regierung der DDR ein Ersuchen an die vier Besatzungsmächte richten sollte, „alle nur möglichen Schritte zum baldigen Abschluss eines Friedensvertrags mit Deutschland" zu unternehmen. Darauf würde die UdSSR positiv reagieren und sich einige Zeit danach in einer Note mit beigefügten „Grundlagen für einen Friedensvertrag mit Deutschland" für Verhandlungen darüber zwischen den vier Mächten aussprechen. Der zugrunde gelegten Vorlage zufolge, sollte dieses Angebot, das mit Sicherheit auf Ablehnung stoßen würde, die Deutschen dazu bewegen, bei den Siegerstaaten auf baldigen Friedensschluss zu dringen, um so die Einheit ihres Landes wiederherzustellen. Hinsichtlich der Gespräche von DDR und Bundesrepublik, auf denen die Vereinbarungen darüber erzielt werden sollten, sei auf das Verlangen nach paritätischer Vertretung zu verzichten, damit die Regierung in Bonn bei ihrem Nein nicht länger das Argument zur Hand habe, dass man den größeren Teil des Volkes bei den Verhandlungen benachteiligen wolle.

Auseinandersetzung über freie gesamtdeutsche Wahlen

Das sowjetische Außenministerium, das den Auftrag zur Durchführung des Maßnahmenplans erhielt, bereitete das Friedensvertragsangebot mit einer Propagandakampagne in Deutschland vor. DDR-Ministerpräsident Grotewohl wurde eilig dazu veranlasst, das Vorgehen mit einer Regierungserklärung am 15. September 1951 einzuleiten. Der Prager Vorschlag der östlichen Außenminister vom Oktober 1950, der in der Bevölkerung nur wenig

Unterstützung gefunden hatte, wurde modifiziert. Das Gremium der beiden deutschen Staaten, das die Bitte um Abschluss des Friedensvertrags formulieren und über die staatliche Einheit verhandeln sollte, hieß nunmehr „Gesamtdeutsche Beratung". Die DDR könne darin zwar mit weniger Personal vertreten sein als die Bundesrepublik, müsse aber „gleichberechtigt" sein. Alle Beschlüsse erforderten demnach den Konsens beider Seiten, mithin das Einverständnis des SED-Regimes. Nachdem sich im Westen alle politischen Kräfte außer den Kommunisten hinter die Forderung nach Wiedervereinigung auf der Grundlage freier Wahlen gestellt hatten, stimmte die östliche Seite erstmals der Vorbereitung freier Wahlen zu. Das war freilich kein Zugeständnis in der Sache, denn was darunter praktisch zu verstehen sei, sollte erst noch in den Beratungen festgelegt werden. Das Wahlverfahren, auf das es entscheidend ankam, hing demnach vom Konsens ab. Auch blieb offen, ob die Wahlen gemäß westlicher Forderung für die Zusammensetzung der Regierung und die Arbeit an der Verfassung maßgebend sein sollten oder gemäß östlicher Vorstellung aufgrund vorher geschaffener vollendeter Tatsachen und unter Fortgeltung der angeblich gesamtdeutsch legitimierten DDR-Verfassung vorgesehen waren.

Bundeskanzler Adenauer formulierte am 27. September 14 Grundsätze für die Durchführung freier Wahlen. Ost-Berlin gab dazu keine klare Stellungnahme ab. Grotewohl erklärte einen Monat später, dass die Wahlbestimmungen nicht von der Bundesregierung oder dem Bundestag „diktiert" werden könnten. Die „Mehrzahl" der Vorschläge sei annehmbar. Die genaue Regelung müsse in der „Gesamtdeutschen Beratung" vereinbart werden. Die Verweigerung der geforderten Zusage veranlasste die Bundesregierung mit westlicher Unterstützung dazu, sich um eine UNO-Kontrolle der gesamtdeutschen Wahlen zu bemühen. Eine neutrale Kommission der Weltorganisation solle eine freie Stimmabgabe gewährleisten. Das lehnten Sowjetunion und DDR brüsk ab mit dem Argument, damit würden die Deutschen wie ein Kolonialvolk behandelt. Die Überprüfung solle von den „Deutschen selbst" – von einer Kommission aus Vertretern beider Staaten unter Aufsicht der vier Besatzungsmächte – vorgenommen werden. Trotzdem wurde die Kommission gebildet. Als diese sich in der DDR über die dortigen Voraussetzungen informieren wollte, wurde ihr die Einreise verweigert. Die Regierung in Ost-Berlin beschloss am 2. November die Ausarbeitung eines Wahlgesetzentwurfs, der die Alternative zu Adenauers 14 Punkten bilden sollte. Der von der Kommission unter Ulbrichts Vorsitz formulierte Text wurde am 9. Januar 1952 von der Volkskammer verabschiedet.

Am Anfang standen allgemeine „Grundsätze". Es hieß insbesondere, die Stimmabgabe erfolge in voller Freiheit; niemand habe Nachteile zu befürchten. Die konkreten Bestimmungen waren jedoch so formuliert, dass die Inhaber der Machtmittel mit Manipulation und Zwang eingreifen konnten, etwa dadurch, dass die zur Teilnahme an der Wahl nötige Eintragung „in eine Wählerliste oder Wahlkartei" verhinderten bzw. keinen „Wahlschein" ausgaben. Die Klausel, dass Personen, die „rechtskräftig durch Richterspruch die bürgerlichen Ehrenrechte verloren" hatten, sowie Untersuchungsgefangene und kurzfristig Verhaftete ausgeschlossen werden sollten, gestattete weitere Einflussnahmen. Zahlreiche Handhaben wurden ins Auge gefasst, um durch nachträgliche Maßnahmen bereits gewählten Abgeordneten hinterher ihr Mandat abzusprechen: „Verzicht", „nachträgliche[r] Verlust der Wählbarkeit", „Ungültigerklärung der Wahl oder sonstiges Ausscheiden beim Wahlprüfungsverfahren" und „nachträgliche Änderung des Wahlergebnisses". Es entsprach den Usancen der DDR, dass sich nicht nur Parteien, sondern auch die – von kommunistischen Kadern kontrollierten – gesellschaftlichen Organisationen und Vereinigungen zur Wahl stellen sollten. Auf offensichtlich paritätischer Basis wurde eine allseitige Vertretung in den Wahlausschüssen vorgesehen. Mithin würden die Gremien, welche die Durchführung der Wahl, die Auszählung der Stimmen und die Überprüfung des Ergebnisses vorzunehmen hatten, kommunistische Mehrheiten haben. Das galt auch für die Bundesrepublik, denn die KPD verfügte dort über das gleiche organisatorische Netzwerk wie die SED im Osten. Aufgrund der Paritätsregel würde deren minimale Mitglieder- und Anhängerschaft ohne Belang sein.

Vorbereitung der sowjetischen Note an die Westmächte

Ab Mitte September 1951 arbeitete eine Gruppe im Außenministerium an Entwürfen für die „Grundlagen eines Friedensvertrages mit Deutschland", die der Note an die Westmächte beigefügt werden sollten. Von Anfang an war darin die Forderung nach „nationalen Streitkräften" mit Land-, See- und Luftverbänden enthalten. Das war deswegen überraschend, weil die UdSSR bis dahin die 1945 von den Siegern beschlossene Entmilitarisierung nach außen hin für absolut verbindlich erklärt hatte, weil sie unter Berufung darauf den „Kampf gegen die Remilitarisierung Westdeutschlands" führte. Nachdem Stalin aber zu der Ansicht gelangt war, demnächst werde es in der Bundesrepublik zur Aufstellung von Truppen kommen, erschien dieser Kampf nicht mehr sinnvoll. Die Regelungen, die angeblich für den Friedensvertrag mit ganz Deutschland bestimmt waren, sollten in Wirklichkeit die Aufrüstung in der DDR rechtfertigen, nachdem die Westmächte den Vorschlag abgelehnt haben würden. Mit der Zubilligung des Rechts auf Verteidigung an die Deutschen wollte die Sowjetunion die unverhüllte Aufstellung der großen Koalitionsarmee legitimiern, in die sich die seit 1948 insgeheim aufgebaute kleine Bürgerkriegstruppe verwandeln sollte. Der „nationale" Charakter, den man der künftigen Streitmacht zuschrieb, rückte diese in einen Gegensatz zum geplanten westdeutschen Kontingent in der Europa-Armee als einer angeblich in fremdem Interesse aufgestellten „Söldnertruppe".

In politischer Hinsicht sah der Erstentwurf die Verpflichtung vor, „die freie Tätigkeit aller demokratischen Parteien und Organisationen" zu gewährleisten, „deren Programm die friedliche und demokratische Entwicklung des Landes fördert und auf die Festigung des Friedens und die Aufrichtung von Freundschaft zwischen Völkern gerichtet ist." Dagegen war jede Aktivität von Organisationen und Einzelpersonen zu verbieten, „die auf die Beraubung des Volkes eines demokratischen Rechts, auf die Wiederherstellung des deutschen Militarismus und Faschismus und auf die Kultivierung faschistischer Ideen gerichtet ist." Die „demokratischen Umwandlungen in der Industrie, in der Landwirtschaft und in anderen Bereichen der Wirtschaft" sollten ebenfalls zwingend geboten sein. Die Erläuterungen ließen zu erkennen, dass damit die Verhältnisse in der DDR gemeint waren.

„Demokratie" und „Frieden" waren Kampfbegriffe, die der eigenen Seite bescheinigten, im Interesse des Volkes und alles Guten zu handeln. Deswegen wurden stets nur Staaten des sowjetischen Lagers als „demokratisch" und „friedliebend" bezeichnet, niemals westliche Länder. Umgekehrt waren „Militarismus" und „Faschismus" die politischen Etiketten, die man dem Westen verpasste, um ihn als Feind des Volkes und Urheber alles Bösen zu „entlarven". Die Angaben über die ins Auge gefasste politische Ordnung wurden gegenüber der Öffentlichkeit bewusst allgemein gehalten, denn genauere Ausführungen hätten deutlicher gemacht, dass das – weithin abgelehnte – Herrschaftssystem der DDR gemeint war. Wie Andrej Gromyko als zuständiger Abteilungsleiter des Außenministeriums in einer Vorlage für Stalin erklärte, ließen sich ins Einzelne gehende Festlegungen zu „für uns feindlichen Zwecken ausnutzen" und seien deswegen nicht „zweckmäßig". Daher sorgte die Leitung des Außenministeriums dafür, dass nur generelle Formulierungen verwendet wurden, deren Bedeutung die Öffentlichkeit im Westen nicht kannte.

Als der Text im November in wesentlichen Teilen vorlag, waren die Westmächte und die Bundesrepublik noch weit von einer Verständigung über den Aufbau einer westdeutschen Streitmacht entfernt. Stalin wollte ihnen jedoch mit dem Friedensvertragsvorschlag erst dann in die Parade fahren, wenn ihre Verhandlungen den entscheidenden Punkt erreicht hatten. Das war Ende Januar 1952 der Fall. Daraufhin wies er das Außenministerium an, die Absendung der Note vorzubereiten. Die DDR erhielt Instruktionen, wie sie das an die vier Siegermächte zu richtende Ersuchen um Abschluss des Friedensvertrags zu formulieren hatte. Nachdem der Ost-Berliner Entwurf in Moskau geprüft und korrgiert worden war, schickte die DDR die Note am 13. Februar ab. Wie geplant, reagierte nur die UdSSR positiv.

Die sowjetische Deutschland-Note vom 10. März 1952

Am 10. März schlug die sowjetische Regierung den Abschluss eines Friedensvertrags mit einem vereinigten und neutralen Deutschland vor, das damit die Möglichkeit erhalten solle, „sich als unabhängiger, demokratischer, friedliebender Staat zu entwickeln". Im Einzelnen müsse „den demokratischen Parteien und Organisationen freie Betätigung gewährleistet sein", auf auf seinem Territorium dürften „Organisationen, die der Demokratie und der Sache der Erhaltung des Friedens feindlich sind, nicht bestehen". Eine erst zuletzt eingefügte Bestimmung sah vor, „[a]llen ehemaligen Angehörigen der deutschen Armee einschließlich der Offiziere und Generäle [und] allen ehemaligen Nazis", soweit sie keine Strafen zu verbüßen hatten, volle Rechte zu gewähren „zur Teilnahme am Aufbau eines friedliebenden, demokratischen Deutschlands". Wie aus begleitenden Stellungnahmen hervorging, war das als Bedingung zu verstehen, durch deren Erfüllung sich Militärs und rechtsnationale Kreise ihre Gleichberechtigung verdienen konnten. Diese sollten dadurch in der DDR zur Unterstützung der Wiederbewaffnung veranlasst werden.

Anders als offiziell behauptet, war das kein Wiedervereinigungsangebot: Die entscheidende Frage, wie die Einheit zustande kommen sollte, blieb ohne Antwort, und begleitenden Stellungnahmen von UdSSR und DDR war zu entnehmen, dieses Problem müsse – wie seit 1949 stets gefordert – von den zwei deutschen Seiten gelöst werden. Bei den Verhandlungen über den Friedensvertrag sollte darüber nicht gesprochen werden. Im Kreml hatte man zwar von Anfang an erwartet, dass die Offerte bei den Westmächten nicht auf Gegenliebe stoßen würde, doch waren sich die Befürworter angesichts der Drohung Stalins, sie andernfalls zur Verantwortung zu ziehen, trotzdem ihrer Sache nicht ganz sicher. Daher war Außenminister Vyschinskij erleichtert, als ihm der amerikanische Geschäftsträger Cumming am 25. März die ablehnende westliche Note aushändigte: Zu dessen Erstaunen hellte sich seine Miene bei der Lektüre auf.

Schon im Februar hatte die SED-Führung vorgesehen, den „Kampf“ um den Friedensvertrag mit Anstrengungen zur „weiteren Festigung der demokratischen Ordnung in der Deutschen Demokratischen Republik“ zu verbinden. Diese Ausrichtung bestimmte auch das Konzept, das sie im März mit der SKK für bevorstehende Besprechungen in Moskau ausarbeitete. Demnach galt es, auf der Basis des sowjetischen Vertragsentwurfs in Westdeutschland der „Kampf um Einheit und Frieden“ und gegen die dortige Wiederbewaffnungspolitik zu führen und zugleich in der DDR die „demokratische Gesetzlichkeit“ durch „Wachsamkeit, Verhaftungen [und] „öffentliche Prozesse“ zu festigen. Besonders wichtig erschien der „militärische Schutz der DDR“.

Im ersten Gespräch mit Stalin am 1. April 1952 führte Pieck aus, wie nach Ansicht der SED-Führung das doppelte Ziel im Einzelnen zu erreichen war. Mit Nachdruck stellte er die Frage, wie die DDR „im Zusammenhang mit der Bedrohung aus dem Westen“ geschützt werden könne. Es gebe zwar eine Volkspolizei, doch diese sei schwach und schlecht bewaffnet. Ulbricht fügte hinzu, die DDR könne aufgrund der Vier-Mächte-Verbote keine Waffen herstellen. Stalin antwortete, die Produktion von Maschinengewehren, Gewehren, Revolvern und Patronen sei erlaubt. Pieck äußerte sich darüber erfreut und fragte, ob nicht „Schritte zur Schaffung einer deutschen Armee in der Deutschen Demokratischen Republik“ unternommen werden sollten. Stalin erwiderte: „nicht Schritte“; man müsse „eine Armee schaffen“. Das, so fügte er hinzu, habe „ohne Lärm, ohne Agitation“ zu geschehen. Erst wenn die Armee aufgebaut sei, könne man „Geschrei machen“. Pieck wies noch auf die pazifistische Stimmung in der DDR hin. Darin sah der sowjetische Führer kein Problem. Werde man geschlagen, könne man das doch nicht hinnehmen. Zwar habe Tolstoj den Verzicht auf Widerstand gegen das Böse gepredigt, aber das sei kein Pazifismus mehr, sondern schlimmer. Als sich das Gespräch wirtschaftlichen Fragen zuwandte, machte Stalin klar, dass sich die DDR an der Schaffung von Kapazitäten der Schwer- und Rüstungsindustrie im Osten beteiligen solle.

Am 7. April fand eine weitere Begegnung statt. Stalin markierte den Ausgangspunkt mit der Einschätzung, dass nunmehr in Westdeutschland Truppen im Rahmen der NATO aufgestellt würden und keine Hoffnung mehr auf einen baldigen Abzug der Amerikaner mehr bestehe. Mithin war der Staat im Westen zum endgültigen Faktum geworden. Daher müsse auch die SED ihren Staat organisieren. Zwischen Ost- und Westdeutschland gebe es nicht bloß eine Grenze, sondern eine „gefährliche Grenze", deren Bewachung – an vorderer Front von den Deutschen, dahinter durch russische Truppen – verstärkt werden müsse. Das sei auch darum nötig, weil die Agenten der Westmächte in der DDR noch „allzu frei" herumliefen und dort das Leben führender SED- und SKK-Kader bedrohten. Wie eine Weisung aus Moskau Mitte April präzisierte, sollte die Abriegelung der Grenze zur Bundesrepublik zeitgleich mit dem Abschluss der – zur Rechtfertigung heranzuziehenden – Verträge im Westen erfolgen, wie es dann am 26. Mai auch geschah. Mit der Begründung, dass man das Eindringen von Agenten verhindern müsse, hielt Stalin auch die Wiedererrichtung der – im Oktober 1949 aufgelösten – sowjetischen Kommandanturen in den Stadt- und Landkreisen der DDR für notwendig. Er kündigte an, die Volkspolizei werde in vollem Umfang mit sowjetischen Waffen ausgerüstet. Die „kasernierte Polizei", also das Militär, wie er erläuterte, solle auf Antrag des Obersten Chefs der SKK Panzer und Artilleriegeschütze erhalten.

Die Bereitschaften hatten zwar bereits an solchen Waffen geübt, doch waren dies Einzelstücke aus Wehrmachtbeständen gewesen, die in sowjetischen Depots lagerten und nur fallweise zur Verfügung gestellt wurden. Die dauernde Ausstattung mit neuen sowjetischen Waffen in genügender Anzahl war ein wichtiger Schritt auf dem Weg von der auf Kleinoperationen ausgerichten Bürgerkriegstruppe zu einer für den großen Krieg geeigneten Armee. Die Führer der SED erfuhren von militärischer Seite, dass im Blick darauf eine Umorganisation der 24 Bereitschaften mit 58.000 Mann in eine Streitmacht mit zuletzt 300.000 Mann bevorstand, die in 9-10 Korps und 30 Divisionen gegliedert sein sollte und deren Kader teilweise in der UdSSR ausgebildet werden würden. Dafür, dass es neben den Heeresverbänden auch See- und Luftstreitkräfte geben würde, hatte die sowjetische Seite schon 1951 gesorgt: Ab Frühjahr hatte sie Personal für eine zunächst sehr kleine „See-Polizei" rekrutiert, und seit November bildete sie – in ebenfalls geringer Anzahl – Kampfpiloten auf Düsenflugzeugen aus.

Anschließend kamen wirtschaftliche und soziale Probleme zur Sprache. Stalin meinte, die DDR müsse – so wie in der UdSSR – ihren Fachkräften deutlich mehr Lohn zahlen als den anderen Leuten. Auch dürfe man die Großbauern (Kulaken) nicht länger schonen. Er erklärte die Kollektivierung der Landwirtschaft durch Einführung von Produktionsgenossenschaften für entscheidend wichtig und glaubte, damit den Wünschen der Bauern zu entsprechen. Die Industrie solle nationalisiert werden. Ulbricht bemerkte daraufhin, bisher sei man für ein „demokratisches Deutschland" eingetreten und habe deswegen „eine Reihe von Maßnahmen nicht durchgeführt", die bei einer „Entwicklung in Richtung Sozialismus" notwendig gewesen wären. Bislang habe man „die in der DDR entstandenen Verhältnisse etwas maskiert". Solle diese „Taktik" angesichts der zerstörten nationalen Einheit nicht mehr fortgesetzt werden? Stalin erwiderte, diese Maske habe geholfen, die Mittelschichten in Westdeutschland nicht zu ängstigen, doch müssten die Unterschichten durch entschiedene Sozialisierungsmaßnahmen gewonnen werden. Die Arbeiter wären froh, wenn die Industrie nationalisiert würde. Zunächst solle man aber kein Geschrei machen. Zuerst müsse man einige Kolchosen schaffen und erst danach in der Partei darüber reden. Zuerst komme die Tat und dann das Wort.

Die Ausführungen Stalins legten die Leitlinien für das weitere Vorgehen fest, die von der SKK anschließend präzisiert wurden. Es begann eine massive Kampagne unter der Parole der „nationalen Verteidigung". Vor allem die FDJ erhielt den Auftrag zur Propagierung des Wehrwillens. Sie hatte auch für den Dienst in den Einheiten zu werben. Zu diesen Zwecken wurden viele Aktionen gestartet, die freilich in der Öffentlichkeit und bei den speziellen Adressaten kaum die gewünschte positive Resonanz fanden. Jugendliche wurden in großer Zahl unter scharfen Druck gesetzt, sich „freiwillig" zum Dienst zu verpflichten. Die Truppen firmierten bei der Werbekampagne weiter als Polizei, denn nach Stalins Willen durfte von Militär erst die Rede sein, wenn man in Westdeutschland zuvor die „Remilitarisierung" beschlossen haben würde. Das führte zu Schwierigkeiten: Die Angeworbenen machten oft ihrem Unmut Luft, wenn sie dann feststellten, dass sie nicht bei der Polizei waren. Mit den Ausbildungsktivitäten der „Gesellschaft für Sport und Technik" und mit den Lagern des „Dienstes für Deutschland" verband sich der Zweck, die Jugend physisch und psychisch auf den Militärdienst vorzubereiten. In aller Stille wurde zur gleichen Zeit die Sozialisierung des Industrie- und Agrarsektors eingeleitet. In der Landwirtschaft entstanden dabei erhebliche Probleme, weil sich die Bauern unter Hinweis auf die fehlende gesetzliche Grundlage in großen Scharen weigerten, der Aufforderung zum Eintritt in die Produktionsgenossenschaften zu folgen.

Öffentliches Bekenntnis zum „Aufbau der Grundlagen des Sozialismus"

In Anbetracht der entstandenen innenpolitischen Schwierigkeiten wollte Ulbricht, der stets für ein konsequentes Vorgehen zur Durchsetzung des Sozialismus plädiert hatte, im Juni 1952 die Fiktion der „bürgerlich-demokratischen" Orientierung nicht länger hinnehmen. Er wandte sich an den Kreml und bat darum, den von Stalin am 7. April festgelegten sozialistischen Kurs auf der II. SED-Parteikonferenz vom 9. bis 12. Juli verkünden zu dürfen. Die Verträge im Westen waren mittlerweise zwar abgeschlossen worden, aber wegen der noch ausstehenden Ratifizierungen noch nicht in Kraft getreten. Deswegen zögerte Stalin. Erst der nachdrückliche Hinweis aus Ost-Berlin, die Lage werde zunehmend unhaltbar, bewog ihn wenige Stunden vor Veranstaltungsbeginn dazu, das öffentliche Bekenntnis zur sozialistischen Ausrichtung zu genehmigen. Ulbricht konnte daraufhin vor den ebenso überraschten wie begeisterten Leitungskadern der SED den „Aufbau der Grundlagen des Sozialismus“ proklamieren. Damit wurde eine Politik schärfster Transformation, Repression und Militarisierung eingeleitet. Nur ein einziger formaler Vorbehalt wurde aufrechterhalten: Solange der Beschluss zur Aufstellung westdeutscher Truppen noch ausstand, durften „nationale Streitkräfte“ nur in einer Resolution gefordert, nicht jedoch offiziell verkündet werden. Vorerst musste sich Ulbricht daher mit der Einführung militärischer Dienstgrade und der Bezeichnung „Kasernierte Volkspolizei“ (KVP) begnügen. Am 23. Juli wurden die Länder zerschlagen, die noch ein gewisses Hemmnis für die zentralistische Parteidiktatur gewesen waren. An ihre Stelle traten Bezirke, welche die uneingeschränkte Durchsetzung der Herrschaft von oben nach unten gewährleisteten.

Bundesarchiv, Bild 183-15494-0001, Foto Illner

„Am 14.7.1952 demonstrierten die Arbeiter der Böhlener Werke unter der Losung ‚Vorwärts zum Aufbau des Sozialismus'.“ Original Bildunterschrift der Nachrichtenagentur der DDR (AND)

Ulbricht und seine Leute hatten nun völlig freie Bahn zur rücksichtslosen Durchsetzung ihrer radikalen Politik, welche die DDR zum Musterland des Sozialismus machen sollte. Die auf der Parteikonferenz erklärte „Verschärfung des Klassenkampfes" diente als Begründung für zahllose Maßnahmen intensivierter Repression. Diese richteten sich besonders gegen die fast durchweg widerspenstigen Bauern und gegen die Gemeinden und Gruppen vor allem der evangelischen Kirche, zu welcher der weitaus größte Teil der Bevölkerung gehörte. Am schärfsten wurden die „Junge Gemeinde" und die Studentengemeinden verfolgt. Unter Druck geriet auch der bis dahin noch geduldete bürgerliche Mittelstand. Mit allen politischen und finanziellen Mitteln suchte man selbst kleinen Handwerkern und Kaufleuten die Basis ihrer Existenz zu nehmen. Die jungen Männer, die überwiegend an der früher propagierten Ablehnung des „Militarismus" festhielten und deswegen den Dienst in der KVP verweigerten, hatten Repressalien zu erdulden. Die Gefängnisse, deren Überbelegung Pieck schon in dem Gespräch mit Stalin am 1. April erwähnt hatte, füllten sich weiter. Ärzte, Ingenieure und andere akademische Kräfte, auf deren Dienste die Gesellschaft angewiesen war, sahen sich als Bürgerliche diffamiert und durch den Ausschluss ihrer Kinder vom Universitätsstudium, meist auch von der höheren Schulbildung, ausgeschlossen. Diese Lage veranlasste besonders Bauern, Industrielle, Mittelständler, Akademiker und Jugendliche dazu, massenweise in den Westen zu gehen. Ulbrichts suchte die Fluchtbewegung zu stoppen, welche die Verhältnisse in der DDR zunehmend durcheinander brachte. Seine Bemühungen, die Führung in Moskau zur Schließung der noch offenen Grenze in Berlin zu bewegen, hatten jedoch keinen Erfolg.

Die mit aller Gewalt forcierte gesellschaftlich-politische Umgestaltung verschlechterte die Versorgung der Bevölkerung mit Nahrungsmitteln und anderen lebenswichtigen Gütern in hohem Maße. Auch die Unterdrückung rief wachsende Unzufriedenheit hervor. Das schwächte den sozialistischen Staat erheblich. Bei Einleitung der Maßnahmen waren Ulbricht und Stalin von einer stärkenden Wirkung ausgegangen. Als das Gegenteil eintrat, sahen sie darin nur Übergangsschwierigkeiten, die bald behoben sein würden. Man dürfe sich nicht irre machen lassen und müsse den Kurs konsequent fortsetzen. Weiterhin hatte der sowjetische Führer schon früher die Parole ausgegeben, der Erfolg im Kampf gegen den Westen hänge entscheidend von der ideologischen Zuverlässigkeit der Kader ab, und mit dieser Begründung

Bundesarchiv, Bild 183-13318-0008, Foto Schack

Richtfest Hochhaus in Berlin 1952: Porträts von Stalin, Otto Grotewohl, Wilhelm Pieck, Walter Ulbricht.

die Repression auf die kommunistischen Parteien in seinem Imperium ausgedehnt. Die von ihm gelenkten Säuberungen richteten sich auch gegen höchste Amtsträger. Von den Parteichefs kam Władysław Gomułka in Warschau ins Gefängnis, während Trajčo Kostov in Sofia, Lászlo Rajk in Budapest und zuletzt im November 1951 Rudolf Slánský in Prag sogar verhaftet und zusammen mit weiteren Spitzenfunktionären in Schauprozessen zum Tode verurteilt wurden.

In der DDR war Stalin mit Rücksicht auf den Eindruck bei den Westdeutschen lange Zeit mit weniger aufsehenerregenden Maßnahmen zufrieden. Als im Dezember 1950 einem Mitglied des Politbüros mit hohem Bekanntheitsgrad, Paul Merker, ein Kontakt während seines Exils im Westen vorgeworfen wurde, begnügte man sich mit Amtsenthebung und Parteiausschluss. Im Herbst 1952 jedoch begnügte sich Stalin nicht mehr mit solchen Strafen. Abgesandte aus Moskau verlangten in Ost-Berlin, der Kampf gegen die „feindlichen Elemente" in der Partei müsse ohne jede Rücksicht vorangetrieben werden. Im Dezember wurde Merker im Blick auf eine härtere Bestrafung verhaftet. Ulbricht lenkte die sowjetische Aufmerksamkeit auf seinen Rivalen an der Spitze der Partei, Kaderchef Franz Dahlem, der ihm 1945 als Gegengewicht zur Seite gestellt worden war. Mit der Begründung, dieser sei für personalpolitische Fehler verantwortlich, wurde eine Untersuchung eingeleitet. Ihm und Merker drohte ein Schauprozess, doch kam es nach Stalins Tod nur zu längeren Gefängnisstrafen ohne öffentliches Gerichtsverfahren, weil die Nachfolger im Kreml kein Aufsehen mehr wollten. Ulbricht benutzte das Verlangen nach scharfer Repression auch dazu, um die Schuld an der miserablen Versorgungslage auf den zuständigen Minister, den LDP-Politiker Richard Hamann, abzuwälzen: Dieser wurde mit der Begründung, er habe die „planmäßige Versorgung der Bevölkerung sabotiert", im Dezember 1952 verhaftet und aller Funktionen enthoben.

Je länger das forcierte Bemühen um Durchsetzung des Sozialismus fortgesetzt wurde, desto mehr verschlechterte sich die materielle Lage in der DDR. Zu den generellen Problemen der sozialistischen Zentralverwaltungswirtschaft kam die Fehllenkung großer Mittel durch den kostspieligen Aufbau der Schwerindustrie. Dieser fehlte die erforderliche Rohstoffbasis und war daher von teueren, vielfach ausbleibenden Lieferungen aus anderen RGW-Ländern abhängig. Auch die hohe Belastung durch Militär und Rüstung entzog der Ökonomie benötigtes Personal und Kapital. Überdies unterbrachen die Betriebsumstellungen im Gefolge der Enteignungen in der Landwirtschaft und der Industrie die Produktion, bewogen die Bauern und Unternehmer in großen Scharen zur Flucht in den Westen und erzeugten allgemein in der Gesellschaft eine Unruhe, die sich weiter negativ auf das Warenangebot auswirkte. Der massenhafte Exodus dringend gebrauchter Kräfte, vor allem von ausgebildetem Fachpersonal und jungen Leuten, verschärfte die wirtschaftlichen Probleme noch mehr.

Der akute Mangel an lebenswichtigen Gütern verstärkte die Unzufriedenheit, die durch das politische Vorgehen, vor allem die Restriktions- und Repressionsmaßnahmen, weit über den Kreis der Betroffenen hinaus hervorgerufen wurde. Nicht zuletzt auch unter den Arbeitern, auf die sich das Regime zu stützen gedachte, verbreitete sich Unmut. Soweit es noch Zustimmung gab, war diese wesentlich auf die kommunistischen Kader und privilegierten Intellektuelle, etwa geförderte Schriftsteller, beschränkt. Anders als von der SED-Führung erhofft, wirkte sich auch ihre Propaganda für die deutsche Einheit nicht positiv aus, sondern vermehrte die Ablehnung. Statt auf die „Spaltertätigkeit" der Politiker im Westen lenkte sie die Aufmerksamkeit der Ostdeutschen darauf, dass es in der Bundesrepublik freiheitliche Verhältnisse und zudem einen wirtschaftlichen Aufschwung gab. Das hätte man gerne auch bei sich zu Hause gehabt. Die Vereinigung mit dem westlichen Landesteil zu dessen Bedingungen wurde weithin heiß ersehnt. Das über die Spitzenfunktionäre Ulbricht, Pieck und Grotewohl heimlich von Mund zu Mund gehende Urteil lautete: „Spitzbart, Bauch und Brille sind nicht Volkes Wille!"

Das Ergebnis der Politik im Zeichen des „Aufbaus der Grundlagen des Sozialismus" war eine explosive Lage. Die Machthaber in Ost-Berlin stützten sich auf umfangreiche Unterdrückungsapparate, deren Zuverlässigkeit jedoch, wie sich bald zeigte, in kritischen Situationen vielfach zweifelhaft war. Nur die allgegenwärtige Anwesenheit der – von den wiedererrichteten Kommandanturen in Einsatzbereitschaft gehaltenen – Streitkräfte der Besatzungsmacht hielt die „Massen" vom offenen Widerstand ab. Nach Stalins Tod standen seine Nachfolger im Frühjahr 1953 einer sich gefährlich zuspitzenden Entwicklung gegenüber. Der sowjetische Innenminister Berija, der als Geheimdienstchef durch die ihm vorgelegten Berichte genau über die katastrophale Stimmung und die anschwellende Massenflucht Bescheid wusste, hatte keine Illusionen über die Lage in den Wochen vor dem Aufstand am 17. Juni. In seiner höhnisch-abschätzigen Art erklärte er den Führungskollegen im Kreml: „Die DDR? Was ist diese DDR denn schon? Sie ist nicht einmal ein richtiger Staat. Sie wird nur durch sowjetische Truppen am Leben gehalten, auch wenn wir sie ‚Deutsche Demokratische Republik' nennen."